Treasures for Scholars Worldwide

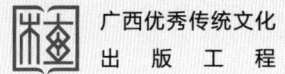
广西优秀传统文化
出版工程

石刻里的广西

摩崖造像卷

刘 勇 著

广西师范大学出版社
·桂林·

石刻里的广西 摩崖造像卷
SHIKE LI DE GUANGXI　MOYA ZAOXIANG JUAN

图书在版编目（CIP）数据

石刻里的广西. 摩崖造像卷 / 刘勇著. -- 桂林：广西师范大学出版社，2024.12. -- ISBN 978-7-5598-7713-0

Ⅰ.G127.67-49

中国国家版本馆 CIP 数据核字第 20246UH418 号

广西师范大学出版社出版发行

（广西桂林市五里店路 9 号　邮政编码：541004）

网址：http://www.bbtpress.com

出版人：黄轩庄

全国新华书店经销

广西广大印务有限责任公司印刷

（桂林市临桂区秧塘工业园西城大道北侧广西师范大学出版社集团有限公司创意产业园内　邮政编码：541199）

开本：880 mm × 1 230 mm　1/32

印张：7.5　　　字数：155 千

2024 年 12 月第 1 版　2024 年 12 月第 1 次印刷

定价：36.00 元

如发现印装质量问题，影响阅读，请与出版社发行部门联系调换。

总 序

◆

广西地处中国南部，区位优越，东邻广东、西通云贵、南接越南，在中国与东南亚的政治、经济、文化交往中一直占有重要地位。广西这片土地不仅山川秀美、历史悠久，更因多民族的交往交流交融，绘就了璀璨的文化图景。

石刻作为一种独特的文化载体，承载着广西千百年来的历史记忆、文化传承与艺术精髓。广西石灰岩资源丰富，分布广泛，石质坚硬，便于雕镌。在尚未有文字记载的时代，广西先民就已学会在崇左花山等山岩崖壁上描绘日常生活场景，表达思想感情与艺术想象。广西现存最早的石刻，应是南朝刘宋时期的石质买地券，但刻碑风尚至少可上溯至东汉时期，东汉末建安二十一年（216）曾任零陵郡观阳长（观阳即今桂林市灌阳县）的熊君墓碑，虽立于今湖南永州市道县境内，但说明当时刻碑风气已在零陵郡一带广泛流行。

石刻在广西地区的广泛分布，不仅展现了中华文明在边疆地区扩散传播的轨迹，也是多民族交往交流交融的重要见证，为铸牢中华民族共同体意识发挥了不可替代的作用。广西历史石刻分布地域广泛、数量繁多,堪称通代文献渊海。自唐宋以来,广西刻石之风气经久不衰,至今留存了极为丰富的石刻文献,广西也因此成为中国石刻较为集中、特点鲜明的地区,素有"唐碑看西安,宋刻看桂林"的说法。广西石刻文献内容价值主要有珍稀性、系统性与普适性三个特点,石刻类型至少包括摩崖、碑碣、墓志、塔铭、买地券、画像题字、造像记、器物附刻等,石刻文体至少包括碑、墓志、颂、赞、铭、纪游、诗、词、文、赋等。晚清金石学家叶昌炽曾赞叹"唐宋士大夫度岭南来,题名赋诗,摩崖殆遍",其中最有代表性的石刻,如桂林龙隐岩的《元祐党籍碑》、柳州柳侯祠内的《荔子碑》,以及桂林王城独秀峰读书岩上的王正功《鹿鸣宴劝驾诗》等。

近些年来,广西壮族自治区党委宣传部启动广西优秀传统文化出版工程。委托广西师范大学出版社策划并组织专家撰写这套《石刻里的广西》丛书,是目前国内为数不多的广西石刻丛书。本套丛书选题特色鲜明,通过挖掘广西丰富的石刻文献资源,讲好石刻里的广西历史故事,积极推动广西地区中华优秀传统文化的创造性转化、创新性发展。

本套《石刻里的广西》丛书共有十卷,包括《石刻通论卷》《历史名人卷》《山水人文卷》《民族融合卷》《文化教育卷》《水陆交通卷》《经济商贸卷》《科学技术卷》《摩崖造像卷》《书法艺术卷》。每一卷选取一些具有代表性的广西石刻,采取雅俗共赏、图文并茂的方式,用通俗的语言介绍石刻基本情况、解读石刻内容,讲述石刻背后的历史人物故事,揭示石刻背后的政治经济关系、山水景观塑造与文化交流网络等。

同时,我们也希望通过这套《石刻里的广西》丛书,引导更多人关注与保护广西石刻,让广西这些珍贵的文化遗产得以永续传承,并实现转化利用。

是为序。

江田祥

前　言

广西壮族自治区北依南岭，南抵北部湾，负山阻海，拱卫着祖国的南大门。这里先秦时为百越地。相对封闭的地理单元并没有阻碍与周边文化的交流融合，民族多元的人文环境又滋养出多姿多彩的地方文化。"南裔多山海，道里屡纡直"，无垠海洋的宽广与万千山峦的坚韧都融入到这一方水土的性格里。其特色在于数千年来不绝如缕地将多种文化杂糅于一炉，体现出八桂大地海纳百川的包容性。这样的包容性自然也能在散布于广西境内各地的古代摩崖造像上体现出来。

公元四世纪以降，于摩崖上镌造佛像的习俗伴随着佛教传入我国而流行起来，随后与我国原有雕塑、石刻、绘画等艺术形式的相互影响、相互交融让这种新的艺术形式逐渐中国化，大家熟知的敦煌石窟、云冈石窟、龙门石窟、天龙山石窟等，就是这种宗教形式中极具艺术成就的遗存。佛教也称"像教"，信徒们对着雕凿、泥塑的佛像礼拜、祈祷、禅定、冥思，表达他们对宗教的热忱，期望对自己、亲人乃至众生来生的福祉产生作用。

广西典型发育的喀斯特地形为开凿摩崖石刻及造像提供了非

常有利的物质条件。至少自隋唐时期起，历五代、宋、元、明、清乃至民国时期，近1400年来，广西共开凿了近1000尊各种题材的摩崖造像，在长江以南的省份中，数量和规模位居前列，而造像活动持续时间之长在全国范围也是罕见的。纵观广西摩崖造像，时代上以唐代造像的数量居首，地域上分布于全区各地，其中又以桂林市最为集中。

长期以来，广西古代摩崖造像并不太为人所知。近年来国家层面对文化遗产的重视，推动了各级文物行政管理部门对各地石窟寺、摩崖造像的保护工作。广西摩崖造像的基础调查已基本完成，与之相关的研究在广度和深度上相较以前都有了极大的进展，"冷门"学问渐渐不"冷"。

摩崖造像是一部镌刻在石头上的史书。中原地区的石窟寺往往留下大量捐资造像者的信息，如龙门石窟的发愿铭文近3000品，使我们了解哪些造像是"帝王将相"的宏幅巨制，哪些是升斗小民的"粗陋"模仿。广西摩崖造像中没有文字题记留下相关信息的像龛占大多数，与我国古代海量历史文献里记载的人物对应得上的情况更是寥寥无几。然而，通过对造像题材、风格的探讨，通过与国内其他地区造像的对比研究，图像背后所蕴藏的历史片段是可以被解读的。利用摩崖造像及相关图像对广西各地的历史、文化、习俗、信仰等方面的研究，其意义还未引起学界的足够重视。广西摩崖造像的重要性体现在以下几个方面。

一、广西摩崖造像中的许多造像及图像具有唯一性。历史的洪流滔滔向前，在自然的伟力和人类的短视、破坏之下，无数的文化遗产最终只遗留在史书上、记忆里。一些曾经在中原地区及至全国流行的造像式样已难觅其踪，但在遥远的广西却保留了下来。桂林西山"李寔造像"是目前国内所有纪年明确的"菩提瑞像"中最早的一龛，体现出其来源与印度的紧密关系。宜州会仙山宋代《婺州双林寺善慧大士化迹应现图》应是国内目前唯一一块反映南朝后期以来流行的傅翕（傅大士）信仰的图像资料，以28幅连环画似的线刻绘图表现了傅大士的神迹。桂林龙隐岩的男相观音粉本始自唐代，目前国内未发现其他地区有此刻像流传下来。此外，贵港南山寺的"孙悟空"、上林县土司造像等均不见于国内其他地区。

二、广西摩崖造像与某些历史事件相关，是研究地方历史的重要材料。上述"李寔造像"与隋炀帝时期李浑、李敏等"谋反"当事人的子弟被流放到岭南密切相关，为何唐高祖给该族平反之后李寔仍留在了这里，值得进一步研究。"一人灭一国"的唐代使者王玄策曾在广西融水县为官，出使印度带回当地的佛像式样在国内流行开来，并传播到了桂林。唐代咸通年间南诏入侵及土蛮为乱，极有可能就是博白宴石山造像的缘起，高骈带领唐军平乱，曾驻扎在附近的海门，可能在此镌造了佛像。"牛李党争""武宗灭佛"等政治事件映射到岭南，对桂林部分造像造成了影响。唐代大量胡人进入中国并逐渐融入华夏社会群体中，在桂林骝马山，胡人的形象出现在造像中就是这种社会环境的反映。

三、广西摩崖造像体现出地域间的文化交流。多山的地理特征并没影响广西在东、北、西三个方向上与岭北的联系。广西摩崖造像中的许多样式由长安、洛阳等政治中心，和川渝、江南等经济发达地区传入广西，展现出人员往来、贸易流通的历史图景。唐代，广西造像与长安、洛阳两京地区的造像在题材、纹饰、风格上有极大的相似性，如长安地区的"菩提瑞像"、洛阳地区的"优填王像"，在这里都能找到非常相似的造型。宋代北方、江南地区流行的罗汉、僧伽（泗州大圣）、大肚弥勒等信仰也在广西流行。

四、广西摩崖造像中土官造像是少数民族地区特有的题材，是地方文化与主流文化融合后展现出来的艺术瑰宝。大新穷斗山、宜州会仙山、南丹拉旦山等地，唐宋时期属羁縻地区，明代属土司管辖，这些地区明清、民国时期的造像与常见的佛道题材有巨大的差异，在国内独树一帜，是研究少数民族宗教信仰、民俗文化的重要实物材料。

图像证史，就是要充分挖掘图像所蕴含的历史信息，与相关石刻文字、文献资料一起，探索地方历史、文化的演进过程，透过图像表面的信息，看到当时人们的宗教、精神、信仰等深层次的偏好。本书就是运用由表及里的方法，努力从广西秀美山川里的摩崖造像中，揭示图像背后的历史片段。

附记：

农历甲辰正月初八，终于完成这本小书初稿。本人从事广西摩崖造像的研究转眼已近十年。从2017年开始调查桂林摩崖造像，到去年完成对桂林以外广西其他地区摩崖造像的调查，广西的古代造像材料已渐熟于胸。进行调查最早的桂林地区，相关研究业已展开，取得了一些初步成果。调查报告《桂林摩崖造像》一书于2022年底付梓，在此基础之上的综合研究《桂林唐代摩崖造像考古学研究》也已获得2023年度教育部哲学社会科学研究后期资助项目立项。另外，"菩提瑞像""唐代单尊观音像""唐代官寺"等专题研究也已刊发。广西其他地区的摩崖造像的报告撰写和研究则尚在进行中。恰逢广西师范大学出版社及广西师范大学江田祥教授邀约进行广西摩崖造像的写作，为推进这批新材料的研究提供了新的助力，于是我不惮浅薄地应允下来。

相比国内其他地区的石窟寺、摩崖造像，广西的摩崖造像算是"养在深闺人未识"。于山崖上造作各种宗教形像虽属个人、家族或某个行会等小团体的行为，但在这些造像图像之下，蕴含着当时社会流行的艺术好尚，反映了当时人们宗教信仰，折射出当时社会政治、经济、文化中的某些信息。这些信息属于平民大众，既不全面，也不引人关注，往往在古代文献中缺乏文字记载。但这却并不妨碍我们以小见大，于"豹斑"中探寻历史的某些片段。

这些片段是对已知历史的补充、互证与订正。广西摩崖造像至少始自隋唐，下迄民国，逾1400年的造像历史给予我们的信息是多方面的。捐资造像者尊崇的佛教信仰从隋唐时期的西方三圣、倚坐弥勒、优填王像、"菩提瑞像"、观音等题材，到宋代的菩萨（观音、普贤、日月菩萨、傅大士等）、大肚弥勒、罗汉，再到明清时期带有"仿古"意味的男相观音、吴道子绘观音像，并杂糅着道教、土司文化的题材，这种宗教精神信仰的发展演变不仅仅是图像的变化，也与"牛李党争""武宗灭佛""南诏侵岭南""庞勋兵变""谪官""羁縻""土司""改土归流"等政治事件、国家政策对广西的影响相联系，更折射出广西与国内其他地区熙攘的经贸往来与密切的文化交流。

在广西摩崖造像调查过程中，我们发现这些饱经沧桑的造像缺乏必要保护的现象较为普遍。个中原因是多方面的，其中不无对造像的历史、文化、艺术等方面的内涵与重要价值缺乏足够认识，导致重视程度不够的原因。这也是撰写这本小书的目的：发掘广西造像的历史文化价值，抛砖引玉，让更多的人了解、重视、研究，从而推动对广西摩崖造像的保护、利用工作。囿于学识的粗陋和时间的仓促，难免挂一漏万，请方家批评指正，共同努力让广西摩崖造像"远在深山有人识"。

书成之际，在此感谢广西师范大学出版社与江田祥教授的信任。感谢广西文物保护与考古研究所的林强所长、韦革副所长，让我有机会参与广西摩崖造像的调查工作。感谢桂林文物保护与考古研究中心的贺战武副主任、苏勇等同仁在调查中给予的大力支持。

刘　勇

2024年2月18日于桂林

目 录

● 研究滥觞

广西摩崖造像概说　　　　　　　　　　　2
陈志良调查桂林西山造像记　　　　　　　7
罗香林教授与《唐代桂林之摩崖佛像》　　12
林半觉先生与桂林摩崖造像　　　　　　　18

● 题材和纹饰

桂林"菩提瑞像"是天竺"原版"　　　　26
桂林唐代"优填王像"　　　　　　　　　33
桂林唐代摩崖观音像　　　　　　　　　　39
桂林摩崖造像中的男相观音　　　　　　　45
桂林、富川、灵山三地的"吴道子绘"观音像　51
桂林的泗州大圣造像　　　　　　　　　　58
广西古代摩崖弥勒像　　　　　　　　　　64
桂林伏波山道教造像　　　　　　　　　　70
桂林龙头峰摩崖造像　　　　　　　　　　76
贵港南山寺造像　　　　　　　　　　　　84

富川的唐代造像	91
田东县八仙山造像	96
河池市宜州白龙洞宋代造像	101
河池市金城江区十六罗汉	108
宜州会仙山上的石刻"连环画"	113
桂林摩崖造像上的"六拏具"与"摩羯纹"	119

● 摩崖造像与地方历史

桂林西山"李寔造像"及李寔家族	126
王玄策与桂林"菩提瑞像"	132
"武则天袈裟"与桂林造像	137
桂林骝马山造像中的胡人造像	141
唐代宦官在桂林开凿的观音像	146
桂林的石雕佛塔	153
桂林唐代摩崖造像与佛寺	160
桂林造像题记与《金刚经》译本	166
"武宗灭佛"对桂林造像的破坏	171
桂林唐、五代时期粟特人与佛教	176
桂林摩崖与唐代"牛李党争"	184
摩崖造像上的石刻	189
博白宴石山造像的年代	196
大新县摩崖造像与土司文化	199

摩崖造像与民众信仰

石刻造像所见广西唐代崇信的佛教思想　　　　208
石刻造像所见广西宋代崇信的佛教思想　　　　216

研究滥觞

广西摩崖造像概说

　　摩崖造像是雕凿于石山崖壁间或洞穴内的各种神祇形象的总称，根据造像雕凿深浅程度的差异，有线刻、浅浮雕、高浮雕、圆雕等不同技巧。摩崖造像与造像碑、塑像和壁画等形式一样，都是古代人们用于表达自己宗教信仰、展现自己虔诚态度的方式。佛、道二教的神祇是汉族地区最为常见的摩崖造像题材，特别是佛教，也称"像教"，通过观瞻佛像，冥想修行。云冈石窟、龙门石窟就是佛教摩崖造像最典型的代表。敦煌石窟的造像因为当地没有便于开凿的地质条件而采用泥塑与壁画相结合的形式。佛教造像的盛行引发道教的学习模仿，南朝时期道教造像开始多了起来。

　　广西位于祖国南疆，自古以来属多民族聚居之地。如今这里生活着十一个世居的少数民族，除人口最多的汉、壮二族外，还有瑶、苗、侗、仫佬、京、毛南、水、彝、回、仡佬等民族。除佛、道二教的信仰之外，每个民族在历史文化传承过程中，往往也有自己独特的民族信仰，会将本民族信奉的神祇以造像的形式，或镌刻于山崖、石碑，或以泥塑、石雕供奉于庙宇，以示尊崇。在每年特定的时间进行祭祀、祈祷，成为传播民族文化和教育后代的重要媒介。

广西"八山一水一分田"的地表形态为摩崖造像提供了得天独厚的地质条件。石山种类既有喀斯特地貌的石灰岩，也有丹霞地貌的红色碎屑岩。这两种石山类型均有造像发现，其中质地坚硬的石灰岩分布广泛，更适合造像，因此数量上占据绝大部分。经系统调查，广西的摩崖造像主要分布在桂林、河池、贵港、大新、田东、灵山、富川、钟山、博白等市县。

一、广西摩崖造像的分布

1. 桂林市：摩崖造像共700余尊，分布于市区内的西山、伏波山、叠彩山、象山、国家森林公园、骝马山、七星公园、雉山、清秀山、芙蓉山、虞山、金竹山、临桂轿子岩等地，另外在周边的全州县、灌阳县、灵川县、平乐县也有少量造像。题材以佛教为主，少许道教造像，另有数尊造像的尊格尚难以确定。

2. 河池市：分布在金城江、宜州、南丹县三地。题材基本以佛教题材为主，另有不少俗家信徒的形象。

3. 贵港市：全部在市区狮子峰。题材基本以佛教内容为主。

4. 崇左市大新县：主要分布在大新县会仙岩和穷斗山。题材为当地神祇、土司、官员以及龙、凤、虎等我国传统祥瑞动物。

5. 百色市田东县：在田东县八仙山。题材为八仙与慈航真人。

6. 钦州市灵山县：分布在六峰山、三海岩、恩胜岩等地。题材大多为佛教，其中1尊造像的尊格不明。

7.贺州市：分布在钟山、富川两县。其中钟山县摩崖造像1尊，在灵山寺。富川县摩崖造像5尊，分布在秀水状元村后山脚，均为佛教题材。另外在县城慈云寺瑞光塔里有线刻观音像1尊。

8.玉林市博白县：摩崖造像7尊，位于博白县顿谷镇宴石山临南流江一侧，均为佛教题材。

二、广西摩崖造像的题材

广西摩崖造像的题材大体有三大类：佛教内容、道教内容、少数民族地方信仰内容。佛教造像数量最多，常见的题材有佛类、菩萨类、罗汉类、弟子类、高僧类、力士类等，除单尊的佛、菩萨、高僧等造像以外，通常形成一定的组合，如一佛二菩萨、一佛二弟子二菩萨、一佛二弟子二菩萨二力士、二佛并坐、二菩萨等，可与佛教经典的内容相对应。道教在广西的传播历史悠久，因此受众也相当广泛。道教造像的题材有八仙、道士祖师等内容。少数民族地方信仰内容的造像地域间差异性较大，题材包括少数民族神话传说、地方神祇等，另外一些地方土司也会将本人及眷属形象刻诸崖壁。

三、广西摩崖造像的特点

广西摩崖造像有以下几个特点。

1.分布面积广，地点多，呈现出"大集中、小分散"的特点。在过去已公布的材料中，广西的摩崖造像仅在桂林、博白、贵港等地有所发现,多开凿于常居人口相对集中的地方。这些地区在广西范围内交通发达,汉族人口比例较大,较早受到汉文化熏染,因此造像很大程度上受到了中原文化的影响。少为人知的是,在一些少数民族聚居的地区也有摩崖造像,甚至在一些远离村落的荒野之所亦有开凿。从全区范围来看,桂北地区的桂林,摩崖造像数量最多,分布也相对集中,市区内的西山、伏波山、叠彩山、骝马山等区域的摩崖造像占桂林全部造像的90%以上。桂林之外的摩崖造像,数量较少,分布地区广。因此,广西摩崖造像呈现出桂林一地数量大、较集中,其他地区数量少、较分散的特点。

2. 摩崖造像开凿传统持续时间长。目前广西可考摩崖造像开凿时间最早在隋唐时期,历经宋、元、明、清乃至民国时期均有雕凿,持续时间超过1400年。桂林市是广西最早开凿摩崖造像的地区,隋唐时期就已在西山群峰中造像。宋代造像主要分布在桂林、河池、贵港等地。元代以后的造像以广西西部、南部为主,桂林也有零星发现。如此漫长的造像历史在我国南方地区是首屈一指的。

3. 摩崖造像题材广泛。在我国其他有摩崖造像的地区,基本上都是佛教、道教的题材。与之相仿,广西的摩崖造像也以佛、道题材为主。佛教题材有佛类的释迦牟尼、阿弥陀佛、弥勒佛等,菩萨类的观音、大势至、普贤、日月菩萨等,另外力士、飞天、佛弟子、十八罗汉、高僧、祖师等形象也较为普遍。道教的题材有慈航道人、道人、八仙等。而与我国其他地区显著不同的是,由于广西民族众多,不同民族间宗教信仰差异大,因此,一些本地的神祇、官员，包括造像者自己的形象也成为造像的内容，呈现出浓郁的地方特色。全区造像题材在分布上体现出这种差异，桂林、贵港等汉文化较为发达的地区，佛教造像占据绝对优势。而桂西、桂南等少数民族聚居地区，各种信仰杂糅在一起，道教、少数民族宗教信仰、土司文化在造像题材上都有所体现。

陈志良调查桂林西山造像记

19世纪下半叶至20世纪初,中国遭受了帝国主义列强的长期侵略,山河破碎,生灵涂炭。一些西方国家及日本的探险家和学者打着科学考察、探险的幌子,趁机对分布于广阔中华大地上的文物古迹进行调查、发掘,在此过程中也疯狂地盗取、破坏我国的各种文物,给我国珍贵的历史文化遗存造成了不可估量的损失。1900年前后发现的敦煌文书流失多个国家,就是其中最令国人扼腕叹息的文化浩劫,历史学家陈寅恪曾感叹说:"敦煌者,吾国学术之伤心史也!"

这些外国探险家、学者的调查、发掘,也将早已远离国人关注的甘肃敦煌千佛洞、新疆克孜尔、山西大同云冈、太原天龙山、河南洛阳龙门等地寺院、造像、壁画重新带回到人们的视野中,引起了巨大的轰动。于是在20世纪20—30年代形成了对我国石窟寺、摩崖造像调查和研究的高潮。1937年全面抗日战争爆发,大批学人避乱一路南行,来到桂林。其中不乏对历史、民俗、古迹富于研究的学者。广西桂林的摩崖造像就是在这样的历史背景下,开始逐渐为人所知。

首先对桂林摩崖造像进行调查的学者是陈志良。他生于上海，早年任职于中央银行，业余时间喜好古物研究。1935年曾对上海周边的常州淹城古文化遗址进行过调查，并写下了《奄城访古记》。该文在1935年底与金祖同所撰写的《金山卫访古记纲要》合并成一集，题为《奄城金山访古记》，成为我国较早的考古调查报告之一。陈志良先生雅好文史，所到之处喜欢踏查古迹、了解民俗，并勤于记录，因此一生中留下的著述颇丰。主要著作有《西南风情记》《广西特种部族歌谣集》《新疆的民族与礼俗》等，并发表了大量关于古迹和民俗的调查报告和研究文章。其中相当部分的内容与广西特别是桂林相关。

1939年，陈志良来到桂林，受邀执掌广西省立特种教育师资训练所之教席。陈志良曾在《广西特种部族歌谣集》自序部分谈到自己的研究旨趣及这段旅桂历史："良不敏，生平无他嗜，惟好读书，旅行，电影与闲谈，以为可以助长智识，增进阅历。其中以民族民俗，与古代社会，尤感兴趣。然半生劳顿，局处沪滨，旅行全国之举，有志未竟！江南沦陷，沪渎难安，走港来桂，方悉广西之有省立特种教育师资训练所，学生均系桂省特种部族之优秀青年，心向往之；承雷教厅长宾南，刘所长锡藩之盛情，如愿而往特师授课。授课之余，爱作民族民俗学上之采访。"

1939年末至1940年初，陈志良在业余时间与友人林半觉、雷震、林乐业、夏孟辉等，多次对桂林西山摩崖造像和寺院遗迹进行调查，采集了大量砖、瓦、瓦当、陶瓷残片等遗物。并带拓工孟祥云将西山的相关石刻题记进行了拓印。这些调查很快形成了《广西古代文化遗迹之一探考——桂林丽泽门外的石佛古寺及西湖遗迹考》《桂林西山考古记》等文章。

在文章中，陈志良对桂林西山摩崖造像进行了初步的研究。首先他通过题记的字体风格对西山造像的年代进行了推测，"从字体上考证，桂林的石佛，最早可推至六朝，最晚为唐初"。此论断时至今日，依然可以成说，由此可见陈志良在古物研究上的造诣。此外，他对桂林西山造像的风格，也多有阐发。他认为佛像的制作，"完全是印度风味"，与洛阳、西域佛像照片及壁画很相似。因此对于西山早期造像所具有的印度薄衣贴体的"笈多"风格，他是有深刻认识的。

当然，陈志良先生并非专攻佛教造像艺术的研究者，当时所能见到的材料相当缺乏，一些见解难免有误，但也是无可厚非的。例如对于"景龙三年（709）"和"上元三年"（当为唐高宗在位时的676年，陈志良认为是唐肃宗之上元年号，以岭南太远，不知上元二年肃宗驾崩后年号已改，袭用三年之故）两处用于存放佛教信徒死后骨灰的瘗龛，他误解了瘗龛的功能，虽然他知悉题记内容与造像无涉，但依然认为这两个是造像龛，里面的造像被破坏，是以仅余题记。

些许小误，瑕不掩瑜。陈志良先生的调查研究文章很快引起了时在国立中山大学任教的罗香林教授的注意。1940年9月罗香林教授率领中山大学学生组成的滇湘黔桂考察团抵达桂林。罗香林后来在《唐代桂林之摩崖佛像》一书中，记述了陈志良调查对他研究的影响："会友人陈君志良，自沪港移席桂林，于二十八年

(1939)冬,赴桂林丽泽门外,探访古迹,于西山佛像岩(即今龙头峰),发现摩崖佛像数十龛。虽佛像大半剥落,然获见未署年代之造像题记二方。习其文字,均带唐以前气息,悉为奇宝。始为文论述桂林之佛教艺术遗迹。"

罗香林教授对桂林造像进行系统调查后,研究成果于1946年发表,开启了对桂林摩崖造像的研究,调查公布的某些特殊造像题材也很快引起了海内外佛教艺术研究者的兴趣,但是陈志良在此领域筚路蓝缕之功,确是不容抹杀的。陈志良在《广西古代文化遗迹之一探考——桂林丽泽门外的石佛古寺及西湖遗迹考》一文中开篇即说:"广西僻处南方,交通不便,故文化落后,这是无可讳言的事实。然而一般人以为广西是蛮荒之地,古代无文化之可言,这亦未免过甚。可是广西虽有悠久的史迹可考,真确的文献可证,然而不为一般人所注意,长使古物名迹,埋没不彰。"而他最早将桂林西山摩崖造像调查成果公之于众的结果,就是改变了桂林摩崖造像原来"埋没不彰"的现状,从而将广西桂林悠久的历史文化古迹推介给世人,使得"庶几千年之胜迹,重彰于世"。更值得推许的是,陈志良先生在80余年前国破民贫之时,提出"(相比研究)更要紧者,则为对石佛之如何保护,以免黠者盗窃,此为政府的责任,敬望防范于未然为幸"。这些建议与今日我国文物保护措施中"保护先行""政府为文物保护的主体"等原则不谋而合,从中不难看出陈志良先生这些真知灼见的前瞻性。

報告

廣西古代文化遺跡之一探考
——桂林麗澤門外的石佛古寺及西湖遺跡考

陳志良

一 引論

廣西僻處南方，交通不便，故文化落後，這是無可諱言的事實。然而一般人以爲廣西是蠻荒之地，古代無文化之可言，這亦未免過甚。可是廣西雖有攸久的史蹟可考，眞確的文獻可證，然而不為一般人所注意，埋沒古物名蹟，殊不鮮；今茲所論，實為這個原則中的一例而已。

桂林的古物古蹟，最早不過始於唐，然而卻有比唐更早的勝蹟，列在交通方便的所在，而不為人所注意，令人不勝詫異，以下所述，以桂林麗澤門外西山附近的石刻佛像，西湖遺跡範圍，及其有關係的各方面加以闡述而已。

（1）桂林的沿革

桂林的古蹟故早不過於唐，然而從歷史上考察，秦取五嶺，置桂林鄰，漢定南越，始安內屬零陵，蠶吳面始安郡與桂林游邸，稱始安縣，則為秦桂林郡地也。縣在漢日始安，唐日臨桂，屬桂林始安郡，宋升爲府，元改爲路，元末留行省，明又改爲府，清縣，應時制宜，不一其名。至今面爲市

（2）遺跡的分佈

目前在桂林西山及其附近發現的遺跡，有石刻古佛像，古寺有延齡寺與西峯寺——西湖，遺跡的所在地，出桂林麗澤門，往西鍋鐵路間至隱山（俗呼老君洞），古時即隱於西湖水中的孤島；再西則爲樂羣社射擊場，大門左旁山脚，有元代「新開

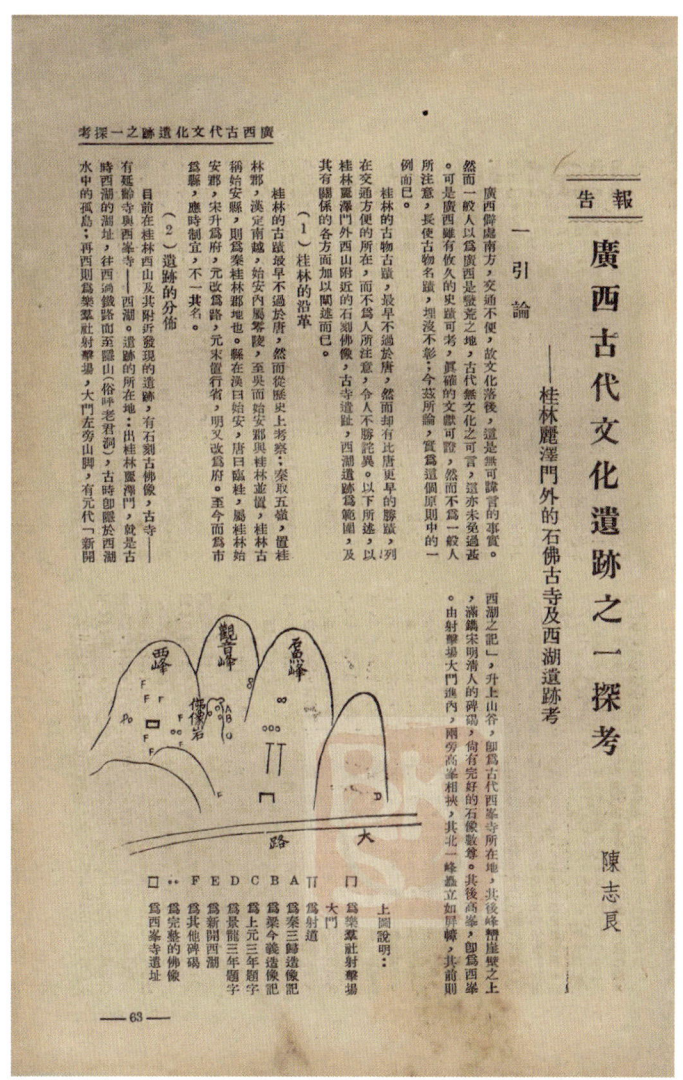

廣西古代文化遺跡之一探考

西湖之記」，升上山谷，卻爲古代西峯寺所在地，其後峯簷層壁之上，滿鑴宋明清人的辨賜，尙有完好的石像數尊。由射擊場大門進內，兩旁高峯相狹，其北一峯屹立如屏嶂，其前則

上圖說明：
大門
A爲樂羣社射擊場
B爲射道
C爲秦三歸造像記
D爲上元己丑三年題字
E爲新開西湖
F爲其餘的牌碣
爲完整的佛像
爲西峯寺遺址

—— 63 ——

● 陈志良撰写关于桂林西山的报告（凌世君供）

罗香林教授与《唐代桂林之摩崖佛像》

　　罗香林先生（1906—1978）是我国近现代著名的历史学家、民族学家。1906年出生于广东省梅州兴宁县。1930年清华大学毕业后，先后在清华大学、中山大学、香港大学等学府任教。他是客家研究的开创者，学术创作极为高产，代表性著作有《客家源流考》《乙堂文存》《唐代文化史》《明清实录中之西藏史料》《唐元二代之景教》《中国族谱研究》等。罗香林先生与桂林摩崖造像也有着极深厚的缘分，在系统地考察桂林西山、伏波山、叠彩山等地造像后，撰写了《唐代桂林之摩崖佛像》一书。这是早期关于桂林摩崖造像最全面的调查报告，该书的出版使得桂林摩崖造像开始为学界所知，并推进了对这个方向的研究。

　　抗战期间，罗香林先生组织部分中山大学学生成立滇湘黔桂考察团，于1940年9月抵达桂林。他根据陈志良1940年初发表的《广西古代文化遗迹之一探考——桂林丽泽门外的石佛古寺及西湖遗迹考》一文，寻访西山佛教造像，又与桂林友人调查了伏波山、叠彩山的造像。随后写成考察报告，1946年在影印本《唐代文化史研究》中发表《唐代桂林摩崖造像考》。1958年又发行单

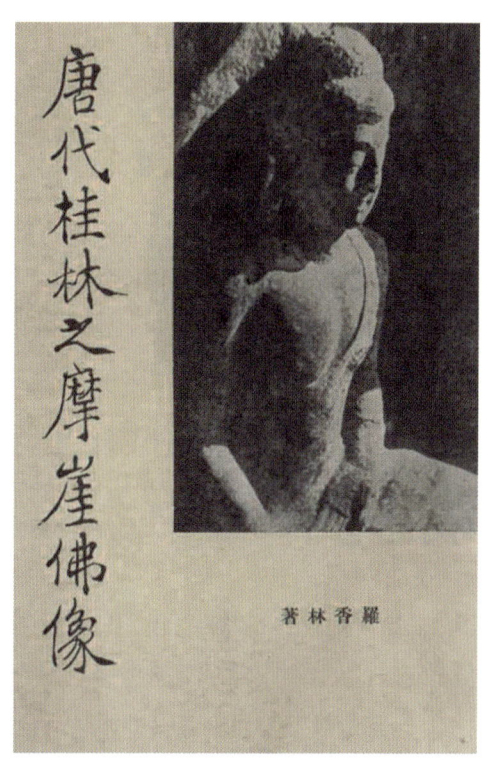

● 罗香林先生《唐代桂林之摩崖佛像》书影

行本,更名为《唐代桂林之摩崖佛像》。

全文分为七章。第一章引论,说明来桂旅居考察之缘由。第二章阐述汉晋、三国、南朝时期佛教传入岭南的概况,桂林佛教的发展及唐代造像的繁荣有坚实基础。第三、四章就桂林西山、伏波山、叠彩山的摩崖造像的位置、保存状况等信息进行介绍。第五、六章对桂林摩崖造像的来源、传播渠道等相关问题进行研究。他认为桂林佛教造像来源于印度,"经越南或广州传入桂林,为直接泛海传播而来。这些佛像是中印文化交流一重要路径所遗痕迹"。最后一章是附论,谈及桂林摩崖造像的保护措施和利用。

罗香林先生驻桂时间更长,对桂林摩崖造像的考察,相比陈志良先生更为广泛和细致,有很多新的发现。他带领学生首先在西山诸峰调查,新发现大小佛像数十龛,特别是于观音峰的荆棘榛莽之中发现了唐代调露元年(679)所开凿的"李寔造像"。该龛造像具有浓郁的印度笈多时期的风格,薄衣贴体、不显衣纹。学术视野宽阔的罗香林先生很快看出"李寔造像"与印度菩提伽耶大觉寺(即摩诃菩提寺)的造像、印度尼西亚爪哇岛的佛楼(即婆罗浮屠)在造像风格上非常近似。通过与婆罗浮屠造像手印的对比,他认为"李寔造像"的主尊是"阿閦佛",而此三地组成了一条唐代佛教海上传播路线,即由印度经东南亚的印尼、越南,传至我国,并由桂林继续北上传播至全州、衡阳。

"李寔造像"与印度菩提伽耶摩诃菩提寺的释迦牟尼成道像之间的相似度极高。首先,二者皆是"宽肩细腰、薄衣贴体"的笈多风格。其次,佛像手印相同,左手垂于双腿间,掌心向上,右手抚右腿,掌心朝下。这个手印称为降魔印,表现的是释迦牟尼在菩提伽耶城成道前夕,端坐于菩提树旁塔内的金刚座上,受到天魔干扰,以智慧降服魔怪,从而成就无上正觉的事迹。因此,"李寔造像"中的主尊应该是释迦牟尼,而不是罗先生认为的"阿閦佛"。

罗香林教授与《唐代桂林之摩崖佛像》　15

● 罗香林先生与"李寔造像"(采自《唐代桂林之摩崖佛像》)

罗香林《唐代桂林之摩崖佛像》发表以后，"李寔造像"迅速引起了各国学者的注意。日本早稻田大学肥田路美教授在《唐代菩提伽耶金刚座真容像的流布》一文中根据罗香林的报告，认为桂林调露元年铭的造像是由海路返回中国的僧人带回来的摹本，"如同义净经由南海所带回的摹制品，是当时通过此路线传来的菩提伽耶施降魔印佛像的摹刻作品"。山名伸生在文章《桂林调露元年铭摩崖像》中认为8世纪初期以前中国各地石窟寺、摩崖造像的降魔印佛像的演变可以分为二期：前期始自玄奘、王玄策带回印度菩提伽耶的释迦降魔成道像，这时的造像呈现出笈多艺术风格的特征，没有佩戴装身具。触地印的印相开始被其他尊格所采用。后期始自永隆元年（680）印度僧人地婆诃罗在中国译经，并指导中国工匠摹刻戴有装身具的造像，此像的经典依据即由他带来并翻译出来。此外，美国的王静芬，我国李玉珉、李崇峰、杨效俊等学者都研究过这龛造像。

时值抗日战争广州沦陷时期，颠沛流离之际，罗先生自购的和中山大学所藏的大量与艺术史相关的中外书籍散失严重，给他对桂林摩崖造像的研究带来了很大的影响。罗香林先生克服诸多困难完成了桂林摩崖造像的考察与研究，在世界范围内引起了研究佛教艺术学者的重视。他还对桂林摩崖造像应该如何保护和如何研究两个问题提出了自己的意见。保护措施方面，对相对完好的造像：清理青苔霉渍，增筑檐盖；容易接触者设置栏杆加以保护；立碑说明时代、题材等内容。对保存不太好的造像进行清理，使损害不至再度加深。而研究方面他建议在西山观音峰下设立美术专科学校，除研习一般艺术教程外，护持和研究桂林摩崖造像也是学校的主要任务。罗香林先生这些建议，部分现在已经实施了，如西山的重要造像都建有檐盖。罗先生对桂林摩崖造像的重视，体现了他爱护文物的拳拳之心。

林半觉先生与桂林摩崖造像

　　林泉（1907—1983），字半觉，号天晓、觉斋主人、钵园居士，出生在广西融安县雅瑶乡，是我国近现代著名金石篆刻家。1926年他毕业于广西第二师范学校，此后便长居桂林。曾从学于黄宾虹先生，研究汉印技法，于印学篆刻一道名声渐起。1936年，他在桂林创办"春秋书画印社"。全面抗战期间，国民政府在桂林成立行营，这座南方小城成为抗日救亡的大后方。大批国内历史、文学、艺术、戏剧界名流先后来到桂林，一支强大的文化力量集结于此，以各种形式为抗战鼓与呼，桂林因此被誉为"抗战文化城"。这段时间里，林半觉先生与很多文化名人有过交集，特别是与郭沫若、欧阳予倩、马君武、徐悲鸿、马万里、沈尹默、赵少昂等人相交游。1938年起他分别在广西艺术师资培训班、桂林美专、广西艺术专科学校等地任教。1940年起，林先生受命编辑《广西石刻志》，开始遍访古碑，搜集广西境内珍贵碑刻共计1300余件。1946—1947年间，这些拓本中的精华部分成为"广西历代石刻展览会"的展品，分别在桂林、柳州、南宁、梧州、广州五市巡展，引起较大反响。此次展览会印刷出版了《广西石刻展览特刊》，广西省政府主席黄旭初、中研院历史语言研究所所长傅斯年、北大教授马衡等政、学界名流分别为该刊作序或弁言，可见影响之大。

新中国成立后，林先生在桂林文物部门任职，积极从事桂林文物的调查、整理及研究。主编了《桂林山水》《桂林山水诗选》《桂林石刻》等著作，其中《桂林石刻》上中下三册是早期推进桂林摩崖石刻研究的重要材料。

林半觉先生与桂林摩崖造像的渊源颇深。常年在桂林诸山摩

● 林半觉先生在"李寔造像"旁留影（林汉涛供）

崖石刻中拓印、揣摩，对于与石刻相伴的摩崖造像也非常熟悉。因此，陈志良、罗香林等学者20世纪30年代末、40年代初来到桂林时，林先生为他们提供了很多便利。正是得益于他的指路和陪伴，陈志良与罗香林二人顺利地完成了调查，并留下研究文章，成为最早一拨对桂林摩崖造像进行研究的学者，对后学的启发作用非常显著。

罗香林先生调查桂林摩崖造像两个月左右，与林半觉先生非常投契。林先生不仅亲自陪同爬山，找拓工帮忙拓印石刻题记，还送给罗香林先生宋代贯休所绘十六罗汉石刻的拓片，该拓片拓自隐山华盖庵（现称法藏禅寺）。罗先生认为林先生在文学、书法、雕刻上都达到很高的水平，且能融会贯通。

林半觉先生自己也对桂林摩崖造像进行了研究，其研究集中在与造像相关的石刻题记上。通常文字题记是解锁造像信息的钥匙。1940年初，他应巨赞法师之请，搜集与佛教相关的石刻。时任广西佛教协会秘书长巨赞法师在这一年创立《狮子吼月刊》，目的是阐发抗战救国的思想，宣传报道各地佛教界投身抗日救亡的活动，"上马杀敌，下马念佛"，便是写照。林半觉先生在《狮子吼月刊》的第二期上撰文《桂林之佛教碑刻》，介绍了龙隐岩的宋代佛教碑刻，尤为难得的是，他在文中建议有关部门在城东七星山麓设立"岭西碑林"，保护珍贵的摩崖石刻。桂林市政府1963年在龙隐洞始建桂海碑林，并于1984年成立博物馆，有效地保护了"壁无完石"的桂林石刻。林先生的倡议不无创建之功。接着在《狮子吼月刊》第三、四期合集上，林先生又发表了《桂

● 林半觉先生所著《桂林之佛教碑刻》（凌世君供）

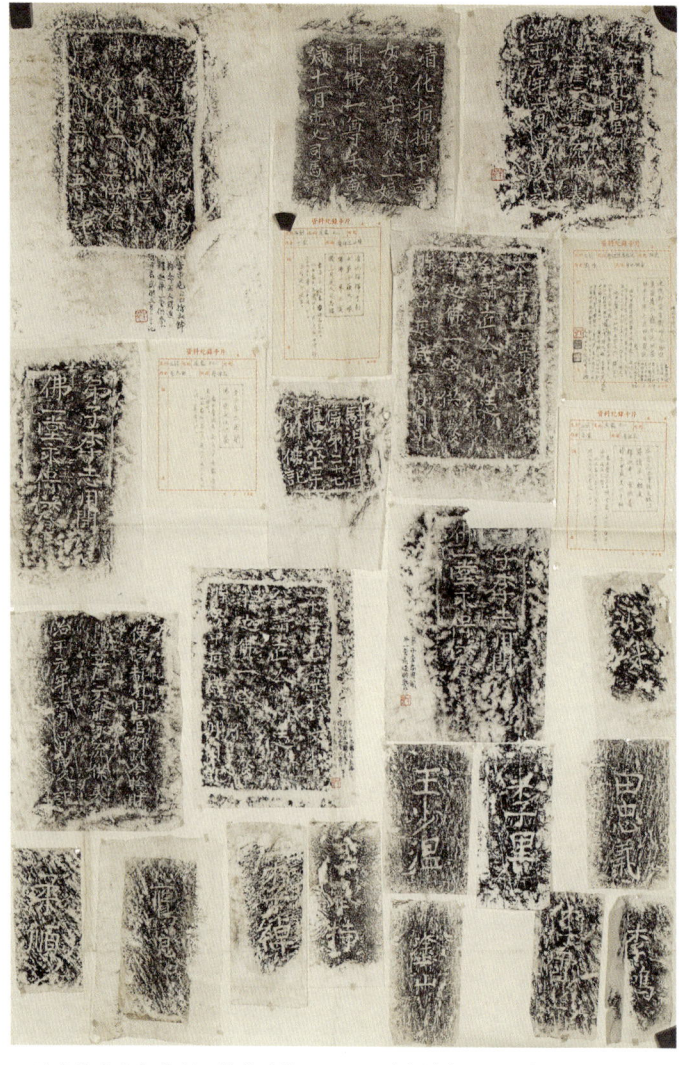

● 林半觉先生拓叠彩山佛教造像题记及所作资料卡片（苏勇摄）

林之佛教碑刻（续）》一文，主要对民主路舍利塔所在的唐开元寺内的几方重要佛教题记，包括唐、明二代《舍利塔铭》、褚遂良《金刚经碑》、五代马贲《金刚经碑》、明代朱觉本刻释迦普贤文殊像（背面为男相观音像）。这些碑刻或被破坏，或已无存，林先生对此惋惜不已。

对于桂林诸山石刻，林先生了如指掌，他被誉为广西碑刻的"活字典"。山间的岩洞除了有古人以刀刻石的文字外，还有用墨水在石壁上写的文字，称为"墨书"或"壁书"。这些材料林先生也非常注意采集。他在芦笛岩里发现有83处墨书，其中唐代7处，宋代15处。现在很多已漫漶难辨。他对其中提及的僧人也做过考证。

此外，林半觉先生当年所拓的摩崖造像题记、所拍摄的一些照片保存了近百年前桂林摩崖造像及其题记的原貌。他对每一处题记拓片均作了释读，并将释读的文字制作成资料卡片，上面注明地点、类别、作者等信息。同时也用空余时间对作者、年代进行相应的考证。桂林摩崖石刻中有相当部分毁于抗战时期桂林保卫战，日军的轰炸和炮火使许多石刻、造像成为齑粉。而为躲避空袭，老百姓在政府的组织下，在山脚修筑防空洞，也对石刻造成了一定的破坏。另外则有相当部分消失于"文革"期间。幸运的是，这些已经消失了的和被破坏了的摩崖石刻通过拓片、照片的形式被保存了下来，可谓是另一种意义上的不朽。如今，这些微微发黄的拓片和记录卡片，如实地记录着石刻当时的面貌，似乎把时光也凝固在那八九十年前。

题材和纹饰

桂林"菩提瑞像"是天竺"原版"

　　自佛教从印度传入我国之后，其教义往往是辗转翻译而来，多种语言间的转译使得很多内容让人难以索解。于是开始有僧人决定到天竺去学习和了解最纯正的佛教经典，最早"西天取经"成功的人是东晋时期的高僧法显。他的事迹不断激励着其他僧人前赴后继、不顾艰险地前往天竺。唐朝国富民强，皇帝们大都崇信佛教，因此在我国历朝历代中，唐朝通过海路、陆路赴印的人数最多，唐僧——玄奘法师就是其中最杰出的代表。这些求法的僧人除了学习印度的语言和佛教的教义，带回大量的佛经进行翻译，还带回了原汁原味的天竺佛像的式样。伴随着造像热忱的迸发，这些自天竺带回的佛像也在中国流行起来，各地的信徒们进行了大量的"仿制"。

　　当时天竺最有名的一尊造像是摩揭陀国菩提伽耶大觉塔下的释迦牟尼坐像。它表现的是，释迦牟尼在成道前夕，端坐于菩提树下的金刚座上，这时天魔出现，试图干扰佛陀成佛的进程。佛陀施展法力，降服魔怪，从而成就无上正觉。其特征是结跏趺坐，右手垂于膝上施触地印，左手敛于腹前施禅定印，二者合称降魔

桂林"菩提瑞像"是天竺"原版" 27

● 唐代长安光宅寺"菩提瑞像"

印，佛座是方形的金刚座。中国到天竺的高僧和使节都会到菩提伽耶菩提树下对这尊成道像进行礼拜和观摩。

初唐时期在我国各地大量出现施降魔印的佛像，应该与这尊天竺佛像有密切的关系。但是这种施降魔印的造像后来又衍生出许多不同的类型，其中有一类佛像身上有许多装饰品，或宝冠、或臂钏、或璎珞等，这类带装饰品的造像被称为"菩提树像"或"菩提瑞像"，体型与当时天竺流行的风格比较相近。这类图像的流行与到过印度的玄奘、王玄策、义净等人带回的菩提伽耶摩诃菩提寺释迦成道像的摹本有关。桂林有两铺造像，编号分别为西山第65龛、第86龛。主尊都是薄衣贴体、右臂戴臂钏、施降魔印的佛像，其中西山第65龛即调露元年（679）"李寔造像"，是我国现存纪年最早的"菩提瑞像"。在陕西西安、河南洛阳、四川等地也有戴不同装饰品的"菩提瑞像"，显示出非常复杂的流行过程。但是，具体哪一种"菩提瑞像"才是天竺的原型呢？

最简单的办法，就是从赴印僧人的测量中，观察天竺造像与国内"菩提瑞像"在肩宽、身长等比例关系的差距。因为玄奘和王玄策都对印度"原型"进行过测量，并记录了数据。

玄奘于唐贞观元年（627）西行求法，贞观十九年（645）回到长安，随后奉敕撰写《大唐西域记》。该书"摩揭陀国"条记载了关于菩提伽耶寺一尊释迦牟尼像的来源。

传说在无忧王原来建的寺院基础上，婆罗门的僧人又进行了扩建。扩建之后的寺院规模宏大，富丽堂皇。于是招募能工巧匠在寺院里雕塑佛像。但是过了很长时间，却无人来应召。

终于有一天，一位婆罗门人前来毛遂自荐，夸耀自己精于塑造佛像，要求提供香泥、灯具等物即可。此人特别强调在他施工的六个月工期内，不可以打开他工作的房间，也不许偷看他工作。在离六个月工期还差四天的时候，僧人们见这个婆罗门工匠从来没有从房间里出来过，于是忍不住打开房门。只见精舍里新塑了一尊佛像，异常庄严。佛像盘膝而坐，手印正是右手抚膝、左手置于双腿间的降魔印。佛像的尺寸也被精确地记录了下来：座高四尺二寸，宽一丈二尺五寸，佛像高一丈一尺五寸，两膝之间宽八尺八寸，肩宽六尺二寸。由于工期不够六个月而被打开房门的缘故，佛像胸部部分没有完工。大家对自己鲁莽的行为很是后悔。一位宅心仁厚的沙弥当晚梦到塑像的婆罗门工匠笑呵呵地对他说：我是弥勒菩萨，怕你们找来的工匠雕塑不好释迦佛的形象，所以我假扮工匠前来应聘。随后弥勒菩萨又解释了设计释迦佛降魔印的意图：释迦佛即将成佛之际，天魔立即过来阻挠。一个地神见状不妙从地里钻出来试图相助。释迦佛坦然让该地神不用担心，自己的神通足够应付。天魔问道：谁可证明你的神通？释迦佛右手抚膝，手指指地，第二尊地神从地里涌出，为释迦佛作证。

众僧听完小沙弥讲述的梦境所见，无不感慨。于是在佛像未完工的部位以及其他重要部位，以各种奇珍异宝来进行装饰。玄奘法师赴印取经曾来这里礼佛，佛像身上的装饰仍华美如初。

● 桂林西山第65龛造像线图

　　玄奘对摩诃菩提寺的塑像记载详细，但是他带回的七尊佛像中并没有这尊"弥勒造释迦像"。

　　比玄奘略晚，王玄策先后四次被唐太宗派遣出使中印度。回国后写成《王玄策行传》，里面的传说故事与唐玄奘描述的基本相同。只是并非托梦给小沙弥，而是在众人打开房门之际，弥勒菩萨直接显现于空中，告诉众人他是弥勒。有趣的是，王玄策也测量了这尊释迦佛的尺寸：身高一丈一尺五寸，肩宽六尺二寸，两膝间距八尺八寸，金刚座高四尺三寸，宽一丈二尺五寸。与王玄策一同出使印度的人员中有一个叫宋法智的工匠，他善于绘画和雕塑，将这尊佛像进行了摹写，带回了长安，于是社会各界信徒纷纷对这尊从印度带回的佛像进行了模仿。

● 桂林西山第86龛造像线图

玄奘与王玄策对于摩诃菩提寺的"菩提瑞像"都进行了测量，两者数据中除座高有1寸的差异外，其余完全一致，说明此造像的尺寸相当准确。唐代工匠比较注意造像的比例关系。所以我们可以用简单的身体比例关系对比来看印度"菩提瑞像"与桂林两铺造像的异同。

身长与两膝间距离的对比：

印度"菩提瑞像"：身高丈一尺五寸／两膝相去八尺八寸=1.307

桂林西山第65龛造像：身高1.11米／两膝宽0.85米=1.306

桂林西山第86龛造像：身高0.894米／两膝宽0.712米=1.256

三者基本契合。

身长与肩宽的对比：

印度"菩提瑞像"：身高丈一尺五寸/肩阔六尺二寸=1.855

桂林西山第65龛造像：身高1.11米/肩阔0.56米=1.982

桂林西山第86龛造像：身高0.894米/肩阔0.483米=1.851

三者比例差距不大。西山第65龛造像，若总肩宽增加0.038米（每边肩宽增加近0.02米不到），即可达到与印度像完全相同的比例。对于尺寸较大的造像，这个差异属于合理的公差范围。

从这些数据的对比可知，主尊的身体比例关系相当接近，说明桂林这两龛薄衣贴体、不显衣纹、右臂带臂钏、施降魔印的造像才是原汁原味的天竺"原型"。

桂林唐代"优填王像"

桂林唐代摩崖造像的题材多样，当时的首都长安、东都洛阳流行的造像款式在桂林多有发现。初唐时期，在洛阳龙门石窟及周围地区有一种"优填王像"曾风靡一时。其中龙门优填王像数量最多，有100躯左右，洛阳附近的巩义石窟原来至少有优填王像5躯，现仅存1躯。由于两地的此类造像有纪年和所造佛像的名称，于是我们知道这类特征基本一致的造像题名为"优填王像"，其主要特征为：主尊倚坐，肉髻宽平。肩宽平而厚实，腹部微鼓。身着袒右式大衣，右边衣角搭于左肘，小腿间垂一幅衣角。佛衣显得薄而贴体。左手置于左膝上，手心朝上；右臂屈肘上举于胸前，掌心向外，施无畏印。光着脚丫，脚板分别踏在圆形仰莲台上。龙门石窟优填王造像龛共有14方题记，其中纪年最早为永徽六年（655），最晚为武则天垂拱二年（686）。巩义石窟有优填王造像铭5方，显示制作年代在乾封年间（666—668）至咸亨元年（670）。

在桂林南郊国家森林公园内的岭脚底村有一铺造像，龛形近正方形，尖拱形龛楣，龛高1.05米、宽1.08米、进深0.13米。高

● 洛阳龙门石窟二优填王像龛

浮雕一佛二菩萨二飞天五尊像。整龛有涂彩。正壁涂朱红色，主尊衣饰、飞天、宝瓶等涂宝蓝色，身体、衣饰部分呈黑色。主尊像高0.69米。善跏趺坐，头部表面残损。

龛底外立面正中有一方形题记，楷书，内容为：

如来具足大神通，所得大悲无能胜。以佛功德严十方，我今敬礼无与等。无碍智慧无有边，善解众生三世事。一心能知无量心，是故稽首礼无上。

下层有一石板，上刻另一方题记：

大唐咸亨三年，岁次壬申，谨录同施此田入幽泉寺，永为常住供养。人□□□用□□，僧贞莲……僧守寂……□州录事参军董斌、清信佛弟子董依让、滕州安基县令荣寿、□州录事参军董元、□州□□令戌□茂、□州□□□司宋敏、□□府校尉米□、□□南府校尉□林、□车祠□田□□。

两方题记并未提及造像的尊格，但从主尊的造型上看，与洛阳龙门石窟、巩义石窟题铭为"优填王像"基本一致，可知其题材应该也是优填王像。虽然题记中所记"咸亨三年"（672）只是一众僧俗为"幽泉寺"捐赠土地的时间，但优填王像的雕凿时间应该大体也相去不远，与洛阳地区优填王像的时间相当。

优填王像是古印度优填王所造释迦牟尼像的简称，据佛经《增一阿含经》等佛教经典记载，这是制作最早的佛像。释迦牟尼到三十三天为其母摩耶夫人及诸天说法九十日，凡俗的信众不知其踪。优填王和波斯匿王等信徒思念佛陀，几至成疾。于是找来能工巧匠，制作释迦的形象。优填王以牛头栴檀制作高五尺的佛像，另一位国王波斯匿王则用紫磨金来制作。

自佛教艺术传入中国后，这一题材的造像开始载于《冥祥记》《高僧传》等文献中。南朝萧梁时期，优填王像依旧比较受国主青睐，被供养于高等级寺院之中。唐代著名僧人玄奘法师历经千辛万苦，远赴印度求经，带回大量佛教经典的同时，也带回了七

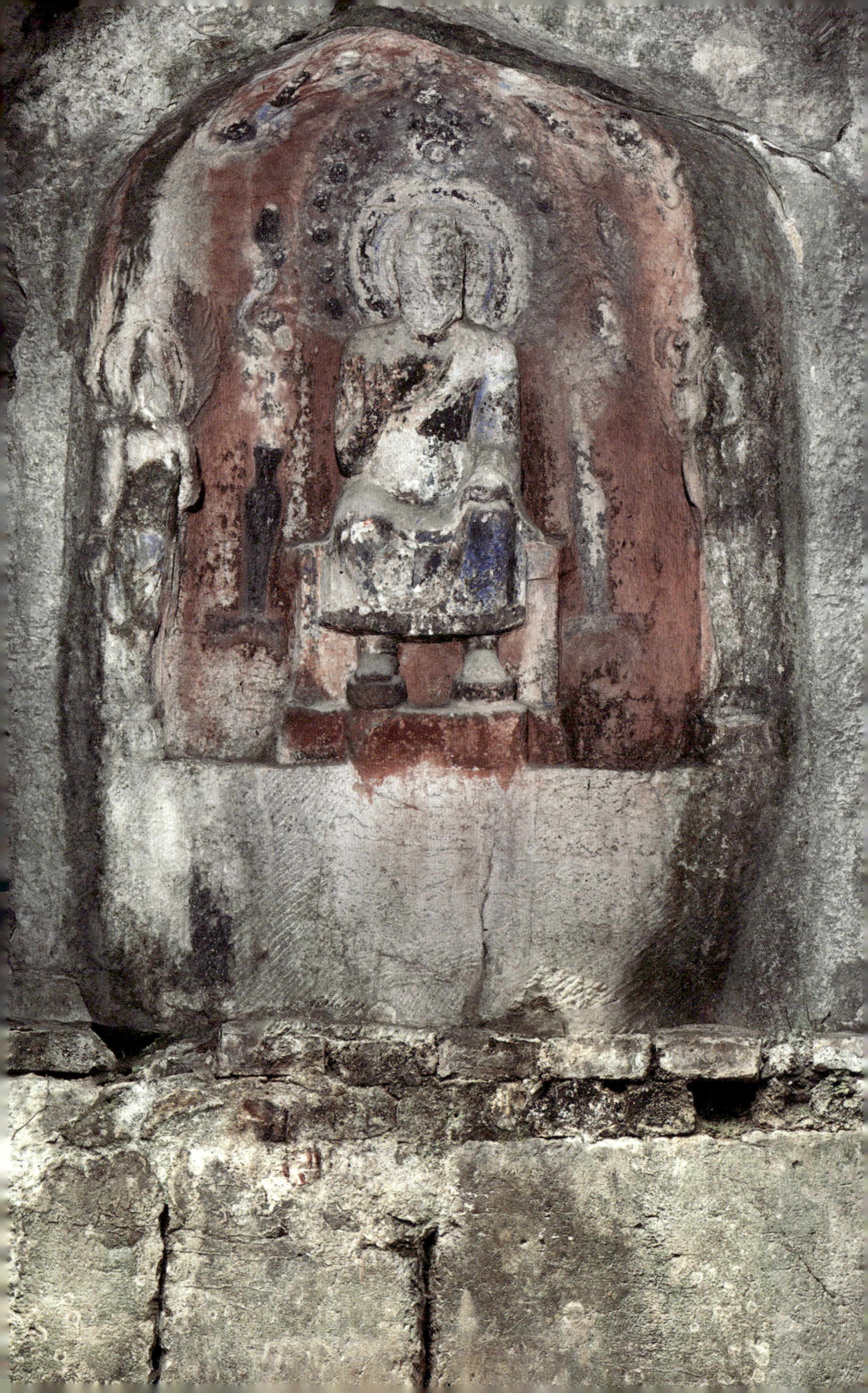

尊佛像，其中便有优填王像。

在国内现存的唐代造像中，桂林优填王像与龙门石窟的更为接近。特别是在佛座、方形背障、"六拏具"式装饰等形态上与龙门石窟如出一辙。此外，洛阳地区优填王像的年代集中在655—689年的三十余年间。早期的优填王像均为单尊像，周边背障等装饰较少。后期才有菩萨、力士等胁侍的出现，桂林优填王像正符合这些地区后期的组合形式。这尊优填王造像可能模仿自洛阳地区。

题记中的桂州幽泉寺不见于史籍，但义净所著的《大唐西域求法高僧传》记载了智弘和道宏两位经海路赴印度求法僧人的信息，内容与此相关。智弘，洛阳人，是太宗、高宗朝四赴印度为使的王玄策的侄子。他"遂济湘川，跨衡岭，入桂林而托想，遁幽泉以息心，颇经年载，仗寂禅师为依止。睹山水之秀丽，玩林薄之清虚，挥翰写衷，制《幽泉山赋》，申远游之怀"。道宏为汴州雍丘人，即今河南杞县人。他也到过桂林，"其父早因商侣，移步南游，远历三江，遐登五岭……。入桂林以翘想，步幽泉而叠息。父名大感禅师。遂于寂禅师处学秘心关，颇经年载"。后至广州与义净一道自南海去印度求法。二位僧人均到过桂林，见过"幽泉"，拜访过"寂禅师"。桂林幽泉寺捐田题记中有一个僧人名"守寂"，种种迹象表明，二者与桂林唐代幽泉寺有密切的

● 桂林国家森林公园岭脚底村优填王像

关系。此外，途经桂林赴广州或越南出海赴印求法的僧人还有贞固、义净、明远、会宁、昙润等。

由此可见，经由广州、交趾而登舶赴印的僧人，大都会先到桂州，再向东南行至广州，或南行至交趾。幽泉寺正是处在出桂州城后往东、往南的分岔路口上。赴印的僧人中，有来自洛阳地区的僧人，带来了当地流行的优填王像，并开凿于此。优填王像是最早的释迦牟尼像，具有浓重的印度色彩，在佛教传入中国的过程中，通过赴印高僧带回的经像和传说，地位得到不断强化，造像本身所具有的印度原产的意味也不断加深。在赴印度前礼敬这些造像，一方面是为茫茫未知前程祈福，以此慰藉和坚定自己的决心，因为法显、玄奘等前辈曾历尽艰辛带回印度的经典造像摹本。另一方面，礼拜这些造像就如同是一种预热，他们到达印度之后就能亲眼看到这些造像的原型。

桂林唐代摩崖观音像

观音是在我国佛教艺术中最常见的题材之一。全国各地唐代摩崖造像中，有为数不少的龛窟开凿观音像。有的是单尊的观音，有的与地藏组合为二菩萨像，最普遍的要数与大势至、阿弥陀佛组成"西方三圣"。桂林伏波山千佛洞和虞山有三铺单观音像，与其他的观音像有很大的不同。首先龛形较大，均属中、大型龛，表明供养人有相当的身份、地位及财富。其次保存情况较好，造像的细节便于观察，如三铺都采用双足外撇呈"一"字形的雕凿方法。伏波山观音像周围还开凿有许多初唐、盛唐时期的造像，但是都采用的是足尖朝前的常规做法。因而这三铺观音像显得比较特殊。

三铺观音像中的二铺位于伏波山千佛洞，该洞临漓江，洞口朝北，龛开凿于西壁口，观音像大致面朝东方。编号分别为伏波山第13、14龛。另1铺位于伏波山以北约2千米的虞山，也在漓江西岸，造像面江朝东，离地表近4米，编号为虞山第1龛。

三尊观音像刻内外双重头光。梳高髻，脑后长发披肩。头戴宝冠，冠底齐额为一圈带饰，正中嵌宝珠。两端为蝴蝶状帽翅，

● 伏波山第13龛观音像　　● 伏波山第14龛观音像

帽翅垂下连珠坠饰。宝珠之上为饰牌，上浮雕化佛。化佛周围装饰密集的唐草纹。头偏向右侧。脸较清瘦，眉间白毫相。胸前璎珞细密繁复，长垂过膝。上身着天衣，左侧衣带绕前臂后飘于身体外侧。下着长裙，裙裾呈波浪形翻卷。腰部正中系带，腰带打结呈蝴蝶结状，带梢垂于双腿间。双肘挽一帔帛，中部于膝前垂下一道"U"形。一手握净瓶的颈部，另一手右屈肘外抬。跣足，

● 虞山第1龛观音像

双足外撇，脚跟相对。分别立于一个仰莲瓣莲台之上。莲台呈半圆形，表面刻仰莲瓣。

、伏波山的二铺观音像均有石刻题记，其一为"桂管监军使赐绯鱼袋宋伯康。大中六年九月廿六日隽"；其二为"壹切尘中，能成于忍，以是义故，我常归依。雕琢岩石，胜前菩萨，毫光照水，永福桂人。大中□年□□□□"。可知两尊观音像开凿于唐代大中年间（847—859）。从风格上来看，三尊观音像的风格较为一致，特别是伏第13龛与虞第1龛，几乎可以确定采用的是同一个粉本。虞山观音像虽然没有题记，但仍可以认为三尊观音像是同时期开凿的。

三尊大像高度都在1.5米以上，头部、身上的璎珞等装饰品非常繁复，体现出较高的雕凿技巧。其足部皆雕成足跟相对、足尖外撇的形式，呈较为别扭的"一"字形。造像的雕凿年代在晚唐的大中年间。这种做法在桂林其他造像中未见采用，在国内其他各大石窟的塑像或雕像中也极少见到。而在西藏东部芒康、察雅等地的摩崖造像中，可以看到脚跟相对外撇站立的佛和菩萨，年代在八世纪末九世纪初，这与当时统治者大力扶植佛教，引进、传播密教，并重视密教的作用有着紧密的联系。另外在四川、青海等吐蕃势力范围内也多见这种密教题材的观音及其他菩萨像，双足跟相对，呈近乎"一"字形。这类造像带有浓郁的东印度波罗艺术风格，与尼泊尔同时期的佛教造像风格相似。时代也与藏东地区相仿。

这种做法的出现，可能与中晚唐时期，吐蕃与大唐之间的政

桂林唐代摩崖观音像　43

● 甘肃榆林窟第25窟菩萨像　　　　● 甘肃榆林窟第15窟菩萨像

治形势有关。安史之乱后，吐蕃乘乱夺取河西地区，沙州、瓜州（今敦煌周边地区）等地遂为吐蕃所占领。此时无论大唐还是吐蕃，密教都是最流行的派别，所以吐蕃的佛教艺术可以传播到瓜州的榆林窟。榆林窟第25窟代表了吐蕃占领时期的最高艺术水平，甚至超过同期的敦煌石窟，该窟正壁毗卢遮那与八大菩萨与藏东、玉树等地的石刻像一脉相承，其年代大致相当于吐蕃占领初期的776—781年之间或稍晚。其南壁所绘观无量寿经变中的观音菩萨，双足外撇，足跟相对。另外第15窟前室北壁的菩萨、东壁的地藏也是如此，与川西北、藏东、玉树地区造像的做法一致。唐末五代时期，双足外撇更甚。相比上述地区的造像，桂林的观音像与榆林窟的观音壁画更为相似。

大中五年（851），沙州刺史张义潮归顺唐朝，发兵从吐蕃的控制中夺回了周围的瓜州、廓州等十州，随后朝廷在今天的敦煌设置归义军，以张义潮为节度使。在此之前吐蕃与大唐多年兵戎相见，互有胜负，导致时常你进我退，因为彼此都热衷于密教的缘故，双方存在着佛教艺术的交流。沙州的莫高窟与瓜州的榆林窟相距极近，号称姊妹窟。吐蕃占领期间，敦煌虽然政治上与中原隔绝，但与长安僧人间的佛事往来并未中断。榆林窟的情况与莫高窟大致相同，佛事交流也将这种双足外撇的艺术品传入了长安，但是并没有引起太多的仿制，反而赴桂州为官的宋伯康等造像主将粉本带到桂州并造像，遂使具有尼泊尔、吐蕃风格的艺术手法经长安流传到了岭南地区。

桂林摩崖造像中的男相观音

观音菩萨在我国可谓家喻户晓，也称"观自在菩萨""观世音菩萨"，后因避唐太宗李世民之讳，多称为"观音"，是流传至今最为百姓所熟知的佛教神祇。她"循声救苦"，拔除一切人间苦难，深得百姓的崇信。在《法华经·普门品》中记载："若有无量百千万亿众生，闻是观音菩萨，一心称名，观世音菩萨即时观其音声，皆得解脱。"也就是说，当信众遇到苦厄之时，只要念颂"南无观世音菩萨"，就能得到她的帮助脱离苦海。

观音菩萨与大势至菩萨同为西方净土世界教主阿弥陀佛的胁侍菩萨。在唐代以前的造像中，两位菩萨通常侍立于阿弥陀佛的左右，观音像头上的宝冠中有阿弥陀佛的盘坐像，而大势至的宝冠中则有一个宝瓶。此外，观音通常手中持有净瓶，比较容易辨认。宋代以后，观音形象更多不依附于阿弥陀佛而独立出现。上述文献中还记载，观音菩萨有三十三种应化身，形象多样，男女不一，视乎救助、教化的需要而应现。今人熟知的观音，是一位容貌慈祥温婉的女性形象，但在佛像最早产生的犍陀罗地区，菩萨与现实中的王子并无二致，头戴宝冠，身披璎珞，肌肉遒劲，唇有髭须。佛教初传中国时,犍陀罗式的观音菩萨"善男子"形象也与佛教教义、经典一道传入,在敦煌莫高窟早期的造像中,就有为数不少的唇上长有胡须的观音像。受中国传统文化的影响,观音菩萨在唐代造像中已大多无髭须,身材也变得高挑秀美,但仍有少数带有髭须的女相菩萨,如敦煌莫高窟初唐第57窟南壁说法图中的观音菩萨和初唐第220窟中的大势至菩萨,脸为蛋形,细眉长眼,鼻直唇小,身着锦绣短围,裸露前胸,腰系丽裙,身饰项链、璎珞、臂钏、手镯,裙挂流苏,身体微斜,腰胯稍出,神态略显沉思,体态婀娜,唇边绘有蝌蚪形的胡须。至宋时观音已基本演化为女性形象,不再有髭须的表现,并发展至今。

桂林摩崖造像中,观音菩萨造像也是一个重要的题材。其中有三尊观音造像,采用的是男相。

其一位于桂林市西北肖家村后清秀山,半山腰有一洞口朝北的山洞,洞口东壁开凿造像,龛顶距地表3米左右。浅浮观音半身像,头戴花冠,冠上有较多的圆珠形装饰,冠中间的牌饰呈桃形,上似有化佛。脸方圆。发际线正中向下弧凸。额间较窄,正中白毫相。眉弓弧圆,眼线细长,微闭目。上唇较厚,唇上略有"八"字胡。颈短。左肩圆、右肩平。大体轮廓只雕凿到上半身,领部、腹前粗刻衣纹。衣饰、印相、姿态、座等详情不明。造像没有明确纪年,附近有一方石刻《靖江府给了达掌园执照》里说:"清秀岩苦行了达状陈,本岩古有圣迹佛像,年远荒废无人扫洒,了达遂发心住持缘化。"该石刻落款"乾道八年"(1172),说明该造像至少开凿于南宋之前,考虑到宋代的观音像已基本完成女性

● 桂林清秀山观音像

化的演变，这尊造像可能是唐代的作品。

其二位于龙隐洞崖壁上。四面刻边框，内线刻缠枝花卉纹。框内线刻男相观音半身像。像高1.2米。头部细刻发丝，长发披于两肩。发中戴宝冠，周围密布珠串、莲花、璎珞等装饰。宝冠正中镶嵌三尊小观音像，呈"品"字形排列，上方一尊观音的宝冠中有舟形牌饰，上刻化佛，化佛似立姿。三尊小像皆高发髻，戴宝冠，冠上满饰璎珞，额间有一纵向的眼睛。

男相观音面部丰圆，略侧向左边。发际线呈波浪状。额正中也刻一纵目，眉毛弧圆，眼微睁，双眼皮，眼细长。鼻翼微刻法令纹。上唇留"八"字髭，下唇留一缕卷曲的须，逗号状，其下方装饰有宝物。下颌饱满。显露出来的右耳耳廓清晰，耳垂大，戴圆形耳环，环下悬垂长璎珞链。鬓角下方饰一朵珠花。颈刻三道蚕纹。颈戴项链，中部坠饰为圆形连珠纹环绕三粒宝珠，其下缀三粒带镶嵌的圆形坠珠。似着圆领衫，衣领上点缀较多的璎珞饰品，正中为一四门塔似的装饰。胸下布满云纹。

像下有一横长方形题记框，内题记：

佛弟子李化龙书（该列在边框之外）。昔唐文宗太和年间，京都信士王仁奉佛甚笃。忽有僧至其家，曰："吾善画观音像，可置一室，七日勿令人看。"仁遵其语。才三日，儿童无知，凿壁争窥。僧即随隐，惟写圣容如许。始悟大士化身，亲手所画也。于是镂板盛传于世。自唐迄今，岁月迭更不可胜纪。兹鲁国僧信晓寓桂林龙隐，构准提万象阁于其间。一日，有遗唐大士像者，阅之而瞿然，恐真迹不能传久，欲镌之石崖以垂后而未得。适督院屈尽美、抚院金光祖、将军缐国安、藩司李迎春、王原膴、都统王永年、举人潘弘树各捐帑欣助，不日而碑告成。庶几使后之人，睹圣像之尊巍，普报四恩，同证佛道。时大清康熙乙巳岁七月，万象阁持菩萨戒住持比丘僧信晓同立。石匠莫琼刻。

桂林摩崖造像中的男相观音　　49

● 桂林龙隐岩观音像

题记显示该造像刻于康熙乙巳年（1665）。另外在现桂林民主路舍利塔内有另一方碑记《李文凯画观音像附记》，刻于建文二年（1400）。二者所记观音像的来源与尺寸完全一致，可知清代观音像来源于明代观音像，而明代观音像的粉本可能模仿自当时能够见到的唐代观音像。

其三位于隐山北牖洞内，观音头戴花鬘冠，冠顶有一方头巾披于脑后。花鬘冠正中有一圆形牌饰，牌饰内为结跏趺坐的阿弥陀佛。脸庞丰润。额中有白毫相。眉弧弯，眼窝圆，细长眼。嘴两旁及唇下各刻一绺蝌蚪形胡须，呈"S"字形。脚边有一善财童子。观音左侧刻"唐吴道子笔"，右侧刻"大清乾隆五十八年六月朔日海宁弟子施守法摩勒"。

目前国内保存有男性形象的观音造像数量不多。桂林的三尊男相观音像，一尊可能是唐时开凿，另外两尊则是模仿唐代观音像开凿，其中一尊还是依据画圣吴道子的作品摹刻的。三尊男相观音保存至今，殊为不易。虽然我们现在尚不清楚明清时期在社会早已普遍接受女性观音形象背景下开凿男相观音的目的，但其艺术价值、历史价值却是不言而喻的。在模仿造作过程中，或许也掺入了某些地方性的因素，因此，这三尊男相观音也是研究我国佛教造像中观音像演变的重要材料。

桂林、富川、灵山三地的"吴道子绘"观音像

观音又称观世音，是阿弥陀佛的胁侍菩萨，道场在浙江普陀山。由于他"循声救苦"，能够解救信众的各种苦厄，遂成为我国民间最受崇信的佛教神祇之一。众所周知，观音在传入我国之初，一直是男相的王子形象。唐宋时期完成了其形象中国化的改造，宋代以后逐渐演化为女性形象。佛教经典记载和民间传说的多元，衍生出观音众多的变相。在纷繁复杂的观音图像体系中，唐代画圣吴道子所绘的观音无疑是较受瞩目的一种。

吴道子，又名道玄，今河南禹州人。他小时候家境贫寒，曾向张旭、贺知章学习书法。或许觉得自己书法天分不及绘画，于是又改习绘画，年纪轻轻已名声大振。吴道子开创了白描水墨画法，他画的菩萨、飞天等佛教人物，天衣飞扬，衣带飘举，似乎满壁风动，这种飘逸洒脱的风格，史称"吴家样"。开元年间他接受唐玄宗征召，成为宫廷画家。当时的人们认为他是唐朝绘画第一人，"凡画人物、佛像、神鬼、禽兽、山水、台殿、草木，皆冠绝于世，国朝第一"，被誉为"画圣"。

广西共有三处线刻观音像题名为"唐吴道子作"。分别位于灵山县、富川县和桂林市，三幅线刻观音像制作年代不尽相同，

载体也有所不同，但是图像基本上是一致的。观音头戴花鬘冠，冠顶有一方头巾披于脑后。花鬘冠正中有一圆形牌饰，牌饰内为结跏趺坐的阿弥陀佛。脸庞丰润。额中有白毫相。眉弧弯，眼窝圆，细长眼。嘴两旁及唇下各刻一绺蝌蚪形胡须，呈"S"字形。颈部刻两道蚕纹。颈部下方戴项链。身着圆领通肩大衣，阔袖垂至膝下。胸前密集的衣纹呈"U"字形。观音双手交握于腹前，左手轻搭于右手之上，手腕戴手镯。下着长裙，双腿间和外侧垂下条带状璎珞。跣足，踏于灵芝状祥云之上。

灵山观音像位于灵山县城鸣珂江畔的六峰山上。该山海拔343米，六峰拔起如屏风，故名，"石六锦屏"是灵山古代八景之一。六峰之一的凤尾峰山腹有一观音洞，洞内立一人形石碑，线刻"吴道子绘"观音于其上。碑高1.8米、宽0.8米、厚0.1米。观音裙裾左侧刻7列楷书文字，内容为：

昔人评道子画人物，如以灯取影，不差毫末。但历世已远，真迹渐灭，每以不及见之为歉也！幸叨训泰和，因而获睹琅琊石壁遗墨。喜其笔力奇古，体态天成，诚非凡作之可到者。欲镌诸石，未遑即举。暨备教于兹有年，且得六峰之胜，遂募工重镌，以广其所传云。时嘉靖癸丑岁孟秋望日，归化吴升立外亭一所，葺而立之者乃门人陆河周祥、柳和、余尧、卿□常、劳一元、陈鹏、新邓人劳建、汪成章、莫华也。斋人刘玄清同立。

福建归化（今明溪县）人吴升到江西泰和县任训导时，得到拓自山东琅琊的吴道子绘观音像拓片。1546—1555年间他在灵山

桂林、富川、灵山三地的"吴道子绘"观音像 53

● 灵山县六峰山观音像拓片（像旁卖香居士供）

● 富川县线刻观音像

任儒学教谕期间，将此拓片上的观音像复刻于碑上，立于观音岩中。刻碑时间为嘉靖癸丑岁（1553）。

富川县吴道子绘观音像镶嵌于县城内慈云寺瑞光塔一层墙壁上。碑高1.96米、宽0.95米。碑内观音右下刻两列楷书："唐吴道子作。万历甲辰季春朔，邑人汪若水刻石。"观音像刻于万历甲辰岁（1604），相比灵山县六峰山的观音像晚了51年。

桂林市吴道子绘观音像为摩崖石刻，与前二者碑刻形式不同。石刻在隐山北牖洞内，观音的脚边比前两尊观音像多了一个手持莲花的婴孩（善财童子）形象。高1.87米、宽0.89米。观音左侧刻"唐吴道子笔"，右侧刻"大清乾隆五十八年六月朔日海宁弟子施守法摩勒"。刻凿年代为1793年，是三尊石刻中最晚的。

米芾在《画史》中记载了他曾鉴定过一幅吴道子画的观音像，认为是真迹。这幅画现依然存世，是吴道子的真迹，与广西三尊石刻观音像基本一样。明清之际，观音信仰更为流行。顾炎武说："今天下祠宇，香火之盛，佛莫过于观音大士……大士变相不一，而世所崇奉者，白衣为多。"民间对于吴道子观音像的追捧，使得这个图样不断地复制石刻、拓印，再通过拓片复制到更多的地方刻石。这应该就是明清时期各地多见题名"唐吴道子作"或"唐吴道子笔"观音像的原因。

除广西的三例观音像以外，四川阆中及南充、贵州遵义香山寺、河南博物院等地都保藏有刻吴道子所绘观音像的线刻碑。目前全国范围内年代最早的吴道子绘制的观音像为四川南充南部县罗寂寺内观音碑，可能是唐代原刻。这些观音像身形微胖，与唐

白蓮台上觀金身

紫竹林中觀自在

唐吳道子筆

代的审美非常契合。另外嘴有髭须，还是男相，与宋代以后女性化的形象有非常大的差异。绘图线条飘逸，有"吴带当风"的时代风格，应该都是对唐代吴道子绘观音像不断摹写、拓印而辗转流传下来的样式。从刻碑时间上看，广西境内的吴道子绘观音像以灵山县六峰山的为最早（1553年），其次是广西富川县的观音碑（1604年）。河南博物院藏观音碑刻于1623年，其余皆是清代所刻。桂林隐山的观音像添加了婴孩形象，与绘制观音的笔法有明显不同，应该是在吴道子的原作之上进行二次创作的结果。

"画圣"吴道子生前有许多的作品，包括寺观壁画、墓室壁画和纸本等，数量巨大。张彦远《历代名画记》中曾详细记录了长安、洛阳等处寺院中吴道子的壁画，多达40余处，对其"千人千面"的画风予以高度评价。唐代寺院建筑留存至今且相对完好者仅余五台山南禅寺大殿和佛光寺东大殿两处而已，佛光寺略有唐代壁画，残破较多，并无观音形象。因此，吴道子的寺观壁画已湮灭在历史的长河里。除某些墓葬里的壁画与其风格接近而被推定为他所作外，纸本的画作似乎只剩一幅《八十七神仙图》。广西三地明清时期的石刻观音像较好地保存了吴道子作品的原貌，八桂大地上镌刻在贞石上的艺术瑰宝仍旧能让我们领略到"画圣"那别具一格的画技。

● 桂林市隐山线刻观音像

桂林的泗州大圣造像

据《高僧传》记载，泗州大圣为唐代高僧，葱岭北（现在中亚吉尔吉斯斯坦境内）何国人，俗姓何，也被称为僧伽大师。大致于唐高宗龙朔二年（662）由西域来到中国。到处游历一番后，在洪泽湖畔的泗州（今江苏盱眙）化缘得来的土地上建了"普照寺"。由于他有诸多的神异行为，淮泗地区民间普遍认为他是观音菩萨的化形。景龙二年（708），他被唐中宗请到长安皇宫内道场，奉为国师。两年之后圆寂于长安荐福寺。

《高僧传》《太平广记》《泗州志》等文献记载了泗州大圣很多不可思议的传奇事迹。如中宗朝某一年京城长安数月无雨，旱灾危及庄稼收成。泗州大圣将手中净瓶内的水洒出之后，"俄顷阴云骤起，甘雨大降"，中宗大喜之余重赏其人。

泗州大圣死后尸体被制作成真身漆像，形体不坏，安放于泗州临淮县普光寺崇塔院。唐代以来，泗州大圣的画像、木雕、泥塑、线刻和摩崖造像逐渐流行，目前在四川、陕北、江浙沪等地区保存较多，时代从唐末至南宋。信众对着造像礼拜祈祷发愿，"感而皆应，忤则殃灭，求则福生。虽日月已绵，而灵变如在"。

在去世多年之后依然有许多保佑信徒的神异传闻，是泗州大圣造像在宋代流行的最主要原因。

宋代崇奉泗州大圣的流行风尚也吹到了桂林。在桂林灵川县大圩镇周围，也开凿有两铺泗州大圣的摩崖造像。一铺在大圩镇下力脚村，这里南距漓江不到200米。另一铺在潮田乡太平村委，一条小河从雕凿造像的山前流过，附近宽米许的古道依然清晰可辨。

下力脚村造像尖拱形龛内雕凿泗州大圣及二弟子，龛外另雕一弟子二供养人。龛楣之上纵向刻"大圣"二字。主尊正是泗州大圣，结跏趺坐。头戴三角形风帽，帽后防风巾较宽大。圆脸。额间较宽。双目圆睁。嘴微闭。颈部、肩部不显。内外均着交领僧衣，大衣紧裹双腿。胸前置一"T"字形凭几，双手扶在凭几之上。凭几横栏呈弧形，环绕身体。中部交接部位雕狮首。纵向支柱连接莲座，支柱末端雕狮足。座分为上下两层，上层莲座，下方叠涩三层。

侧壁及右龛外浅浮雕三弟子。皆光头，面目各有不同。身着交领僧衣。双手合十于胸前。龛外左下侧浅浮雕二供养人像。近龛者为男像。侧向主尊，躬身而立。头戴官帽，帽正中有一圆形牌饰，帽翅长。身着圆领大袖长袍。腰间系腰带。圆肩。弯腰。体态略胖。双手执一长柄香炉于身前。其后跟随一妇人像。侧向主尊。头上梳圆形发髻。脸长圆。眉眼细长。上身着圆领大袖长袍，腰系长裙。

旁边有"神山古庙"一座，庙内面积不足10平方米。面对庙

● 灵川县大圩镇泗州大圣像

门的正壁上，镶嵌着一块题记。四周装饰缠枝花卉。内容为：

栎□村登桂坊墟上居住奉佛信士弟李庆同眷室廖氏五娘阖家发心施银一十五贯文、市米二硕，命匠镌造泗州宝殿一所，入本庵永充供养。用求先祖超生、合家清吉。嘉熙四年十二月末旬谨显。匠人廖子仲。

从题记可知，信徒李庆、廖氏五娘一家为了先祖超生、合家

● 灵川县潮田乡泗州大圣像

清吉而开凿此像，时在南宋嘉熙四年（1240）。

灵川县潮田乡太平村委的像龛龛楣为圆拱形，龛内高浮雕四尊像。泗州大圣左右各有一位光头弟子，右侧最外还有一位戴帽的俗家弟子。泗州大圣像脑后有圆形背光。头戴风帽。圆脸。额头宽而微凸。内外均着交领僧服，外衣左肩似有钩钮。大衣下摆紧裹双腿。身前放一弧形凭几，支撑于莲座之上。

造像下方有两方石刻，正下方的一方石刻内容为"鼎建豪渚关碧桥记"，内容提到该桥绍兴三年（1133）修桥开工，刻碑纪年为绍兴四年（1134）。旁边另一方石刻内容为"重修豪渚关碧桥记"，纪年为绍兴二十二年（1152）。因造像与碑刻间的位置相关联，碑文有祝"佛道增辉"等语，该铺造像应是南宋初年开凿的。

两铺造像龛内都有两个胁侍的弟子。通常两个弟子一个为僧人，名为慧俨。另一个名为木叉，是俗家弟子。在下力脚村造像中，泗州大圣左边的弟子头上有头发或是戴了帽，可能是木叉。而位于太平村委的造像有三人胁侍，最右侧身着常服、头戴冠的可能是木叉。在我国其他地区的泗州大圣造像，通常在他左右安排这一僧一俗两位弟子。泗州大圣还有一个弟子叫慧岸，或许是灵川两铺造像中的第四人。

此外，在下力脚村泗州大圣造像龛旁有一铺佛立像。头顶肉髻较宽，细雕螺发。圆脸。面部丰腴。颈部不显。圆肩。内着圆领通肩衣，外着大衣，阴刻福田。左手屈肘于腹侧手掌外翻，握拳，伸食指、中指朝下。右手屈于胸前。伸食指、中指朝上，余指屈。双足分立，足跟相对，足尖外撇呈"一"字形。这尊造像的座与泗州大圣的座基本相同，可以判断属同一时代。在陕北地区有不少宋金时期的泗州大圣与弥勒像的组合，与下力脚村两龛造像相似。而此时以江浙地区为中心的广大地区，弥勒像已演变为大腹便便的布袋和尚模样。由此推测，灵川泗州大圣造像的粉本可能来自北方地区。

泗州大圣所葬的普光寺处于汴河与淮河交汇处附近，为水路要冲，交通便利。其后所立泗州大圣像的地方也基本遵循这样的选址原则，多选择一方都会或水路枢纽之处造像，其目的多是寻求保佑旅途平安。灵川县大圩两处泗州大圣造像，陆路处于岭南西部南北交通大动脉——湘桂走廊的支线，也近水路交通。其开凿的动机应该也是在当时全国流行崇敬泗州大圣的民间信仰背景下，在水陆交通的节点上祈福禳灾的。两铺造像从侧面反映了宋代桂林水陆商业贸易繁盛的景象。

广西古代摩崖弥勒像

在佛教教义中，弥勒是补处菩萨，也就是未来佛。现世教主释迦牟尼涅槃五十六亿七千六百万年后，弥勒菩萨将证道成佛，因此，弥勒也是古代供养人造像时非常喜欢的题材。根据佛经的记载，弥勒净土里的人们过着长寿、繁荣、欢乐、富裕、和平的生活。因此，随着佛教在我国早期传播过程中大乘佛教经典的输入，弥勒逐渐被信徒们接受和尊崇。弥勒信仰又可分为上生和下生两种。上生信仰指弥勒作为菩萨在兜率天内院说法，信仰上生的信众死后可以往生兜率天，这种信仰里弥勒为菩萨形态（有宝冠、璎珞等装饰品）。而下生信仰则是弥勒成为过去七佛之后的第八佛，先后三次在龙华树下说法，度化二百多亿信众，形态上则是佛的样子（无任何装饰品）。

弥勒造像最早在犍陀罗地区（今巴勒斯坦、阿富汗一带）开始雕凿，最初为或坐或立的菩萨形象，头有冠饰，身上较多项链、臂钏等装饰品。我国北朝时期的弥勒像都是以身着菩萨装、头戴宝冠、交脚而坐的菩萨形象出现的，表现他在兜率天说法的形象，所依据的是此时流行的《弥勒上生兜率天经》的内容。

大约公元6世纪开始，弥勒下生经典不断译出，佛装、无任何装饰、善跏趺坐（倚坐）的弥勒开始出现。普通信徒对弥勒的向往源自对弥勒净土无垢、长寿、富足等天堂般生活的向往。此后，无论是皇帝还是造反者，都对弥勒十分尊崇，其原因是弥勒具有转轮圣王的身份，也就是说，为了强调自己帝位获得的合法性或自己造反的正当性，皇帝或者造反者往往把自己说成是弥勒化身或转世。初唐时期，薛怀义等人伪造了弥勒化生为"女主"的《大云经》，为女性成为国主提供"依据"，武则天假托弥勒下生而登基为帝。武则天迷信佛教，弥勒成为这一时期非常重要的造像题材，引起全国各地造作弥勒像的风潮。开元三年（715），玄宗对利用弥勒信仰威胁到国家政权的行为进行了限制，颁布了《禁断妖诈等敕》。虽然诏令并未禁断弥勒像的开凿，但是，广西乃至全国范围内弥勒造像在此之后雕造数量急剧减少，弥勒净土信仰也趋于式微。

通常弥勒像都雕凿于陆路交通要道及水岸。一方面，信徒认为在这些地方造弥勒像能起到保佑行人、行船安全的作用；另一方面，较大体量的弥勒像也能作为地标，给人们以某种提示。大家所熟知的乐山大佛、敦煌莫高窟九层楼内的大佛、炳灵寺大佛等，都是倚坐的弥勒像。与其他地区相似，广西桂林唐、五代时期的弥勒像数量较多，达十余尊，且基本上体量都比较大。在还珠洞东头北端崖壁上，有尊弥勒像，面向漓江。善跏倚坐。肉髻高，顶部略尖，肉髻与发顶正中浮雕一枚髻珠。外着袒右大衣，右侧衣角自身后覆遮部分肩部，绕腹前上搭左肩，衣边外翻，部

● 桂林市伏波山还珠洞唐代弥勒像

分搭于左肘。他的眼睛向东凝望，千余年来护佑着江上往来争流的百舸。

五代时期的弥勒像没有了唐代前期那种雄浑健壮的气度，变得纤弱秀气起来。桂林临桂区轿子山释迦岩接近顶部朝西的岩壁上，雕凿了一尊弥勒像，是我国目前所见五代弥勒像中艺术性较

广西古代摩崖弥勒像 67

● 桂林市临桂区释迦岩南汉时期弥勒像

● 贵港市南山宋元时期弥勒像

高的一龛。只见弥勒善跏倚坐。肉髻上的螺发呈珠形，正中阳刻髻珠一枚。内着交领内衣，胸腹间系细带。外披袒右大衣，部分衣边搭于左肘。大衣表面双线刻福田纹。左手置于左膝上，指尖朝下；右臂屈肘上举，手掌竖于胸前，掌心朝外，无名指、小指弯曲，其余三指伸直。跣足，二足分别踏于仰莲瓣台之上。座台莲蓬状，上刻莲子，立面浮雕双层莲瓣。

右壁外侧有一方形题记框，讲述了开凿弥勒的目的及时间。

我们现在最常见也最熟悉的弥勒像是肥头大耳、咧嘴微笑、祖胸露乳、大腹便便的样子。这个变化大致起源于宋代的浙江奉化。生活在唐末、五代时期的和尚契此常常肩扛着一只布袋，故也被称为布袋和尚。关于他的许多灵异故事流传甚广。他有一个偈语，"弥勒真弥勒，化身千百亿。时时示时人，时人自不知"，所以人们认为他是弥勒的化身。宋代之后，他的影响力不断扩大。宋人《鸡肋篇》里记载，"今世遂塑其像为弥勒菩萨"，在江南广大地区流行，弥勒佛的形象完成了中国化和世俗化的改造。但中国北方陕北地区，属宋、金政权交织的区域，仍有站立或倚坐的弥勒像，通常是与泗州大圣或释迦像组合出现。

世俗化的弥勒像在广西可以在贵港南山中见到，年代在宋元时期。这尊造像开凿于一根钟乳石的下端。弥勒坐在地上，右脚盘屈立起，左脚盘屈半跏。右手置于右膝上，左手于腹侧握衣襟。肩上扛一布袋。造型与杭州飞来峰宋元时期的弥勒像非常相似。

在广西，除了最早的交脚而坐的弥勒菩萨类造像没有发现外，其他的弥勒造像都与中原地区流行的款式基本一致。反映出唐宋以来，边疆地区与中原地区在宗教文化上较为紧密的联系。

桂林伏波山道教造像

在桂林市内伏波山还珠洞北口西面距地面2米有余的崖壁上，镌刻着一铺造像。周围其他的造像都是佛教题材，游客们大都知道雕凿的是佛、菩萨、弟子、力士等内容。但是这一铺造像雕凿的是相对而坐的两尊像，头部曾被破坏，现经过修补，呈现出两位披头巾老者的形象，无论是服饰、姿态等身体特征，还是座台形式，都与周围的佛教造像明显不同。

两尊像高0.4米左右，均结跏趺坐。头戴风帽，帽巾披于肩后。内着交领衫，外着袒右大衣。大衣紧裹双腿，不显足部轮廓。左像双手合于腹前腿上。右像左手外举过肩，握拳，食指、中指伸出，右手下垂抚右膝。座皆为方形台座。

龛下方中央有一题刻。内容为"戏题。日日青菜羹，夜夜黄粱梦。若问卫生术，只此是珍重。嘉定乙亥岁季夏下瀚前七日。"嘉定乙亥为1215年，时在南宋。

题记中的内容是关于养生的建议，与造像的开凿时间似乎没有什么关联，造像从服饰、造型上看，应该属于道教人物。道教讲究通过养生和个人的修炼，达到长命百岁、羽化成仙的目的，

● 桂林市伏波山第7龛造像

　　因此题记内容和造像的题材比较吻合，可以认为他们同是宋代的作品。而周围的造像却都是典型的唐代风格。还珠洞与千佛岩其他有纪年的造像题记均是唐代。这些迹象表明这铺造像可能经过二次处理的过程。

　　龛顶进深较大，可以见到正壁上的裂隙较多，不太适合雕凿大中型造像。唐代时，工匠在雕凿出束腰形的佛座之后，发现原

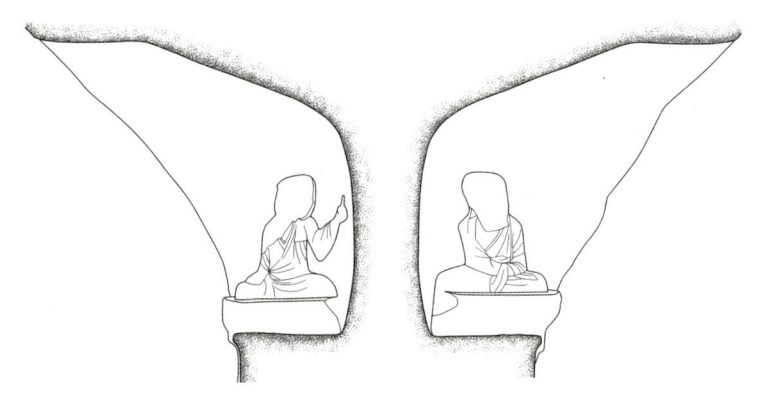

● 桂林市伏波山第7龛两造像线图

来安排佛像的位置上裂隙较多,如果继续凿像容易崩裂,于是可能因此而废弃了。到了宋代,人们再次试图造像,原来开凿的龛两侧的石质较中间好,小型造像可以避开裂隙,这样可以节约人力成本。而这时流行道教的题材,于是将两侧圆雕两尊道人形象,二人对坐,侃侃而谈养生之道。二者所坐的方形台座由束腰须弥座座台改制而来,将座台中部凿去,留出两侧作为造像的台座。

　　隋唐时期是我国佛教发展的一个高潮时期,桂林此时的造像数量占总体的绝大部分。与唐代不同,虽然佛教到宋代已彻底完成了中国化的进程,但是,宋代却是道教发展的兴盛时期。北宋王朝立国之后,皇室尊崇道教,甚至把赵姓始祖附会为道教仙人。于是道教得到了前所未有的发展机遇。道教社会地位和作用的提升,对当时的社会生活产生了深刻影响。

这铺摩崖造像及石刻提醒我们,养生最简单有效的方法是清心寡欲和重视睡眠。除伏波山这铺造像有所体现以外,桂林还有不少与道教治病养生相关的石刻。

南溪山的刘仙岩因宋代刘仲远在此修道而得名。刘景,字仲远。初为屠夫,后经商。好游方外,跟方士学会了炼丹之法。道家的养生术让他驻颜有术。其妻已满头白发,而他却容貌如少年,活到一百一十八岁才无疾而终。宋人对他的养生之法颇为景仰,纷纷跑到南溪山南麓刘仲远修行的岩洞里凭吊,其中不乏名人,如李师中、张孝祥等,并刻下大量石刻。官职为朝请郎、提举广南西路常平等事的吕渭留下一方石刻《养气汤方》。刘仲远最早将此方送给了来岭南任职的刘锡,刘锡照方服药之后不仅不惧岭南瘴气,而且还长寿至九十岁。方子辗转为吕渭所获,1122年,吕渭将此方刻于刘道士修行之地。这个中医药重要古方的内容是:

按《广南摄生论》载养气汤方:□附子,圆实者去尽黑皮,微炒,秤四两。甘草,炙,秤一两。□黄,汤洗浸一宿,用水淘去灰,以尽为度,焙干,秤二两。右三味同捣罗成细末。每服一大钱,入盐点,空心服。

岭南自古多"瘴气",原因是高温湿润的山区,潮气与山区腐败的植物受高温蒸腾,容易引发疟疾等病症。养气汤方能有效

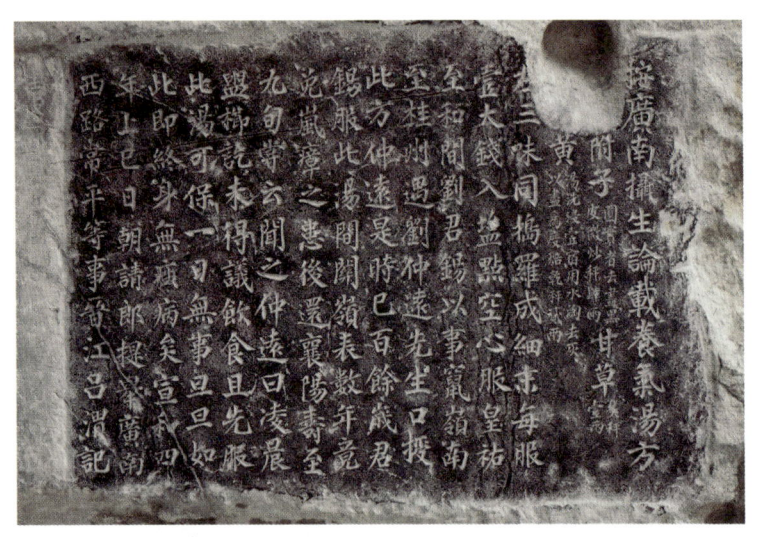

● 桂林市南溪山《养气汤方》石刻

地防治瘴气，体现出宋代医学的发展。

广南西路转运使李师中拜访刘仙岩后，提笔写下《留题大空子（即刘仲远）隐居》："可道非常道，真空本不空。荒郊自生草，闲地又栽松。无欲更何虑，有为终必穷。风云上天去，老子信犹龙。"诗中总结刘仲远长寿秘诀是无欲、顺其自然、无为等，与伏波山造像"养生术"异曲同工。反映了宋代推崇道教背景下，普通百姓对于养生、长寿的向往。"日日青菜羹，夜夜黄粱梦"，要求人们粗茶淡饭，减少自己的欲望，心情平静之下能够安卧，清心寡欲之余自然能够实现长寿的愿望。

宋人为纪念刘仙人，在洞内刻了他的半身像，甚为古拙。广南西路经略安抚使张孝祥对此像赞曰:"河目甚口,须髯怒张,人貌而天者耶?其骨已朽,其人不死,与天地齐年者耶?山高谷深,变化成空,一笑相从,惟我与公!"

从上述造像、石刻,我们知道宋人对待生活的态度相比现代人似乎更为通透洒脱,宋代文学艺术成就达到极高的水平,与这样的心态不无关系。现代生活工作节奏快,人们精神压力大是常态,身体往往也处于亚健康状态。生活、工作、学习里的各种"卷"往往让人身心俱疲却又无可奈何,行之有效的养生方式成为人们迫切的需要。古人留下的造像和石刻给我们留下的寡欲、无为的养生建议,近千年之下依然有着一定的现实意义,清淡饮食、清心寡欲仍旧是我们传统文化中养生长寿的不二法则。

桂林龙头峰摩崖造像

桂林西山龙头峰佛教遗迹较为密集，包括近20座瘗龛，其中有2座石塔形瘗龛，此外还有24龛68尊造像。龙头峰位于千山、观音峰之间的山谷中，为相对高度较低的一座小山峰，顶部一巨石高耸，形似须发皆张的龙头，故名"龙头峰"，造像主要分布在该巨石北面，自上而下大致可分为三层。

这一区域的造像保存情况相对不错，带有浓郁的初唐时期风格。造像题材非常丰富，形态上，立姿、倚坐、跏趺坐均有；组合上，有单佛、二佛、一佛一菩萨、一佛二菩萨、一佛二弟子二菩萨等。其中三铺造像，较能代表桂林初唐时期造像的特点。

位于龙头峰下第一层的西山第61龛，为一佛二弟子二菩萨二飞天的组合，也是西山区域唯一有飞天的造像龛。体量较大，龛高1.07米、宽1米、进深0.29米。

● 桂林市西山龙头峰

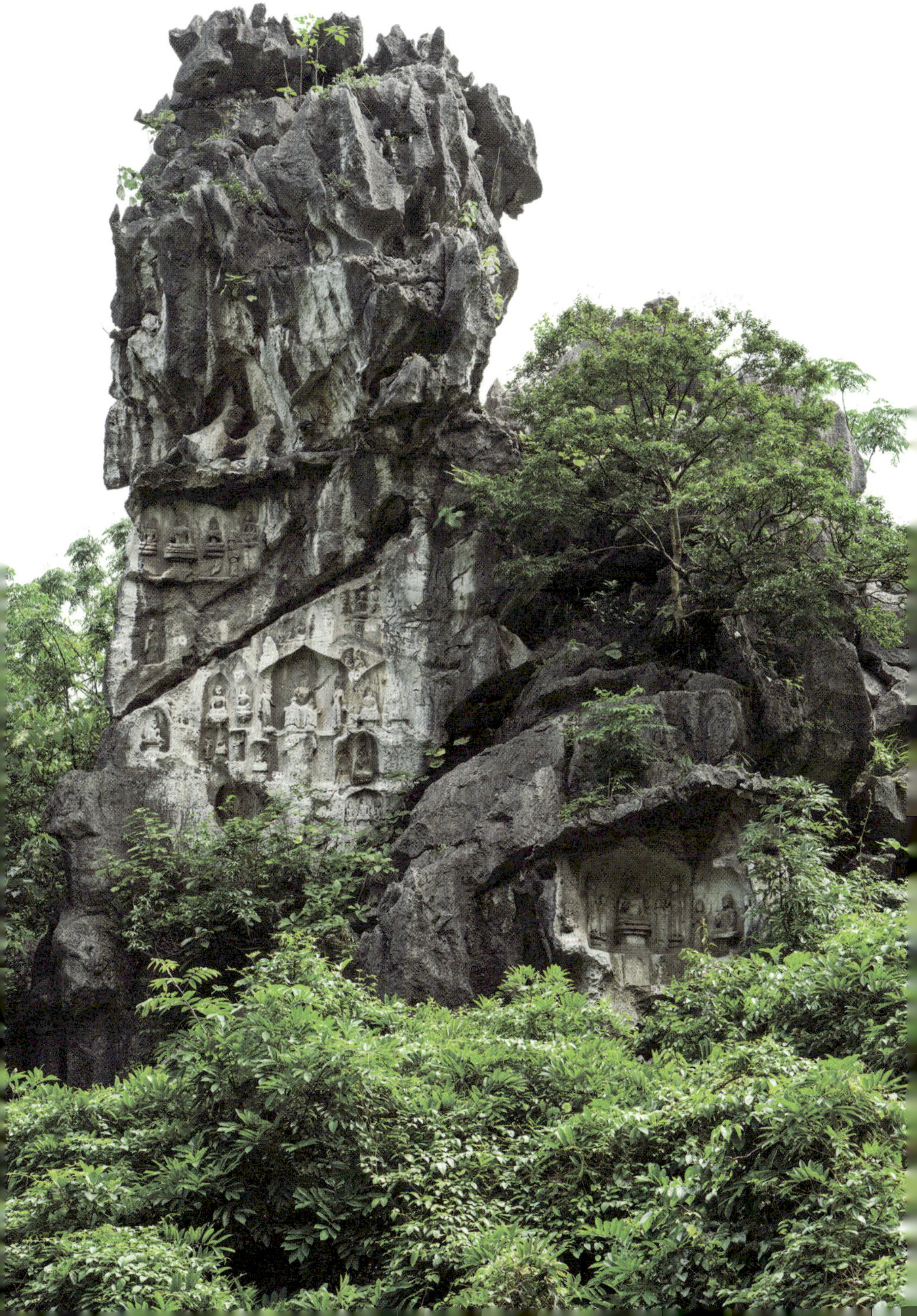

释迦牟尼佛结跏趺坐。以双线阳刻圆形头光，内浅浮雕双层莲瓣。头光之外浮雕舟形背光，内刻火焰纹。耳垂大而贴肩。肩部宽圆厚实。胸略鼓。内着僧祇支，右肩披覆肩衣，外着袒右大衣。大衣紧裹双脚，显出脚形，右脚在外。左手下垂抚膝，掌心朝下；右臂屈肘上举至胸前。佛座为束腰莲座。

两弟子身体侧向主尊。左弟子略显老态，是迦叶，右弟子面相圆润稚气，当是阿难。两人均双手合十于胸前。跣足，立于半圆形台座上。

左右胁侍菩萨立姿。身体较直，略微侧向主尊。浅浮雕双重头光，内为圆形，外层为桃形，内饰火焰纹。发髻较高，长发或缯带披于肩后。宽肩细腰。颈戴双层项饰，内圈为圆形项圈，外圈为珠链。胸部健实，胸廓线清晰。腰部细，小腹平坦。肩披天衣，垂于座后。上身帔帛巾自左肩绕至腰右侧。右肘长垂一道帛巾。下着长裙，腰带在腹前打结，两端垂于双腿间。左菩萨左手下垂于体侧，掌心向外。右臂屈肘外举，托一净瓶，内插莲蓬、莲叶。净瓶侈口、高颈、鼓腹、高圈足。右菩萨左前臂屈，手掌抚胸；右手二指提净瓶细颈，下垂于体侧。均跣足。

主尊舟形背光上部两侧各有一飞天。左侧天人头部较圆。腹部略鼓。双臂张开，左臂微曲、右臂直。左腿半曲，右腿伸直，呈舞蹈状。右侧天人正面朝龛外，脸宽圆。肩部略宽。双手合十于胸前做礼拜状。双腿屈，小腿外撇，略呈跪姿。二者的飘带在脑后绕一圈后向斜上方飘至龛楣。

桂林雕凿有飞天的造像龛只有两铺，另一铺是桂林国家森林公园内的第5龛，但是那一龛的飞天艺术性不及西山第61龛。飞天出自印度神话，后被吸纳进护卫佛法的"天龙八部"之中，职责为营造极乐世界里庄严、美妙的气氛。飞天的形象通常有三种，一是于空中双手合十或奉献花果礼拜佛。二是于空中手持花篮等容器撒花，散播香气。三是于空中演奏各种乐器或载歌载

● 桂林市西山龙头峰第61龛造像

舞。西山第61龛里的一位飞天就是双手合十礼敬，而另一位则是载歌载舞。她们凌空飞舞、虔敬满足之态让观者不禁对佛国富足、祥和、安逸的生活产生无尽的遐想。

西山第50龛位于龙头峰中层的中央位置，也是一座大中型龛。从位置上看，这龛造像应该是龙头峰中上层造像中最早开凿的一龛，因为它占据了整个崖面中最好的位置，其他的造像只能围绕着这一龛来选址。

该龛为高浮雕一佛二菩萨三尊组合。主尊为弥勒佛，善跏趺坐。浅浮雕双重头光，内重为竖椭圆形，外重为桃形。头、颈部表面残损。圆肩。右肩披覆肩衣；外着袒右大衣。左手抚左膝，右臂上抬，屈于胸侧，手掌残断不存。跣足，双脚各踏一方台。佛座为束腰须弥座。

左右胁侍菩萨立姿。高发髻。溜肩，颈部戴圆形项圈。腰细而平坦，胯部略向右提，身体略呈"S"形。上身袒裸，天衣下垂过踝部，帛巾自肩部斜披至腰侧。下着长裙，腰带在腹前打结后，两端一长一短垂于双腿间。左菩萨左手垂于体侧，似握帛巾，右臂屈肘，手掌置于胸前。右菩萨像左臂屈肘，手掌置于胸前；右臂表面残损，似呈下垂状。跣足，立于主尊脚下踏台伸出的仰莲座之上。

主尊正下方浮雕一块碑形题记框，分为碑额和碑身两部分。表面凿痕密布，应是尚未刻题记。

西山第51龛位于第50龛的右侧，高浮雕二佛并坐及一供养人。

● 桂林市西山龙头峰第50龛造像

● 桂林市西山龙头峰第51龛造像

　　左像浅浮雕桃形头光。头部已残。左手似下垂置于腹前腿上；右臂屈肘抬于胸侧，手掌残断无存。右像身着袒右大衣，部分胸部外露。大衣紧裹双腿。左手置于左膝上，右手抬肘上举，前臂及掌残断。二佛均结跏趺坐于束腰须弥座上。

　　右侧龛角有一供养人像，身体侧向两尊主像。头部残损，衣饰不明，腰间系宽腰带。双手合拱于胸前。胡跪姿，左腿屈，右膝着地。

龛外左侧有一碑形题记框，由碑额及碑身组成，二者等宽。自左向右内容为：造阿弥陀佛两躯，弟子梁今义并身影，永代供养。法界众生，同斯愿海。

在我国唐代以前的造像中，两个佛像结跏趺坐并排坐在一起的图像一般是表现释迦佛和多宝佛一起说法的情形。这是根据佛经《妙法莲华经·见宝塔品》的内容创作的：多宝佛入灭后舍利置于宝塔中，当释迦牟尼正在给信徒讲解《法华经》时，多宝佛的舍利塔从地下涌出，滞留在空中，赞叹释迦所说佛法，并让出一半座位，邀请释迦进入宝塔坐在他旁边，继续讲经说法。由西山第51龛旁的题记可知，这铺二佛并坐并不是释迦与多宝，而是两尊阿弥陀佛像。形式相似而内容完全不同，这也体现出桂林摩崖造像在题材上并不是完全照搬中原地区的题材，出资造像的信徒梁今义对于图像的设计应该是有主见的，所以安排了两尊自己崇信的阿弥陀佛像并列在一起。

龙头峰初唐造像与地势较高的观音峰上"李寔造像"及其他造像"薄衣贴体、不显衣纹"的风格有所不同，所有造像身上的衣纹以阶梯状或圆凸棱状的形式表现出来，这是在观音峰式样的基础上进一步发展而来的，反映了高宗后期至武周时期中原风格对桂林的影响进一步扩大。而造像主接受中原流行做法的过程中，可能会在遵循形式的同时加入自己对不同佛、菩萨的喜好。

贵港南山寺造像

贵港先秦时期属西瓯骆越之地，秦始皇统一岭南后，设立了桂林、南海、象等三郡，其中桂林郡的郡治就在现在的贵港市。汉武帝灭南越国后在岭南设九郡，贵港又是郁林郡治所在。作为有着两千多年建城历史的古城，这里遗留了大量的文化遗迹，如以贵港罗泊湾1号墓为代表的汉墓群，南山的摩崖石刻等，都是贵港悠久历史文化的见证。

贵港境内地貌以平原、台地、山丘为主。南郊的狮头峰在郁江南岸，狮头峰下的南山寺始建于北宋端拱二年（989），当时寺名不详。景祐元年（1034）宋仁宗御笔亲书"景祐禅寺"赐予该寺后，遂称为景祐禅寺。元文宗图帖睦尔（1328—1332年在位）登帝位之前被流放海南岛，途经广西时曾在南山寺居住过，受到寺僧的照顾。被召回北京即位时手书"南山寺"三字赠与寺僧。南山寺在宋元两位皇帝的护持下，成为岭南一处重要的佛教胜地。南山的摩崖造像应该就是在这种背景下开始雕凿的。

早期南山寺建于狮头峰一天然洞窟内，该洞东西长约50米，南北宽约30米，高近15米，面积约1000平方米，顶呈穹隆状，内部宽敞。宋代立寺以来，崖壁上留下了110余处石刻（含镶嵌的碑碣），从这些文字中，我们可以领略文人墨客思古之幽情、官员士绅壮游之感悟、僧人信众捐赠之诚挚。洞名也称石佛洞，洞内可见造像共计27尊，分布在石佛洞南壁、东壁以及北壁上。因造像大都雕凿于石钟乳上，石钟乳内部质地较软，部分造像受自然侵蚀和人工破坏而受损，受损严重的造像还经过现代的修补。

南山摩崖造像的内容较为丰富。从尊数上看，单尊造像占较大比例，二尊、三尊组合的数量相对较少。从题材上看，有三世佛、观音、地藏、弥勒佛等佛教造像中常见的题材。其中有三铺造像最具代表性。

南山寺中最大的一尊造像为立像，龛高2.66米、宽1.26米、进深0.65米。立像高2.12米。虽然这尊造像一直以来有"弥勒佛""飞来佛""石佛"等多种叫法，然而实际上并不是佛，而是菩萨像。该尊菩萨头戴花冠，额间发髻束成多缕（似经过后世修补）。面部圆润。额间白毫相。眉弓弧长。双目微俯视。内衣圆领，领下缀璎珞。外着对襟阔袖长袍，腰间系带。下着长裙。膝前垂下两道"U"字形帔帛。右手屈于胸前，立掌。左手置于腹侧。菩萨立于莲台之上，莲台残损不全。龛外随石钟乳凹凸之形略作雕刻，一只仙鹤伸颈仰望菩萨，栩栩如生。

这铺菩萨像开凿于钟乳石上，体量较大。造像的功德主具有相当的经济实力，可惜没有题记说明造像的目的、年代等信息。但从风格上看，似在南宋以后。

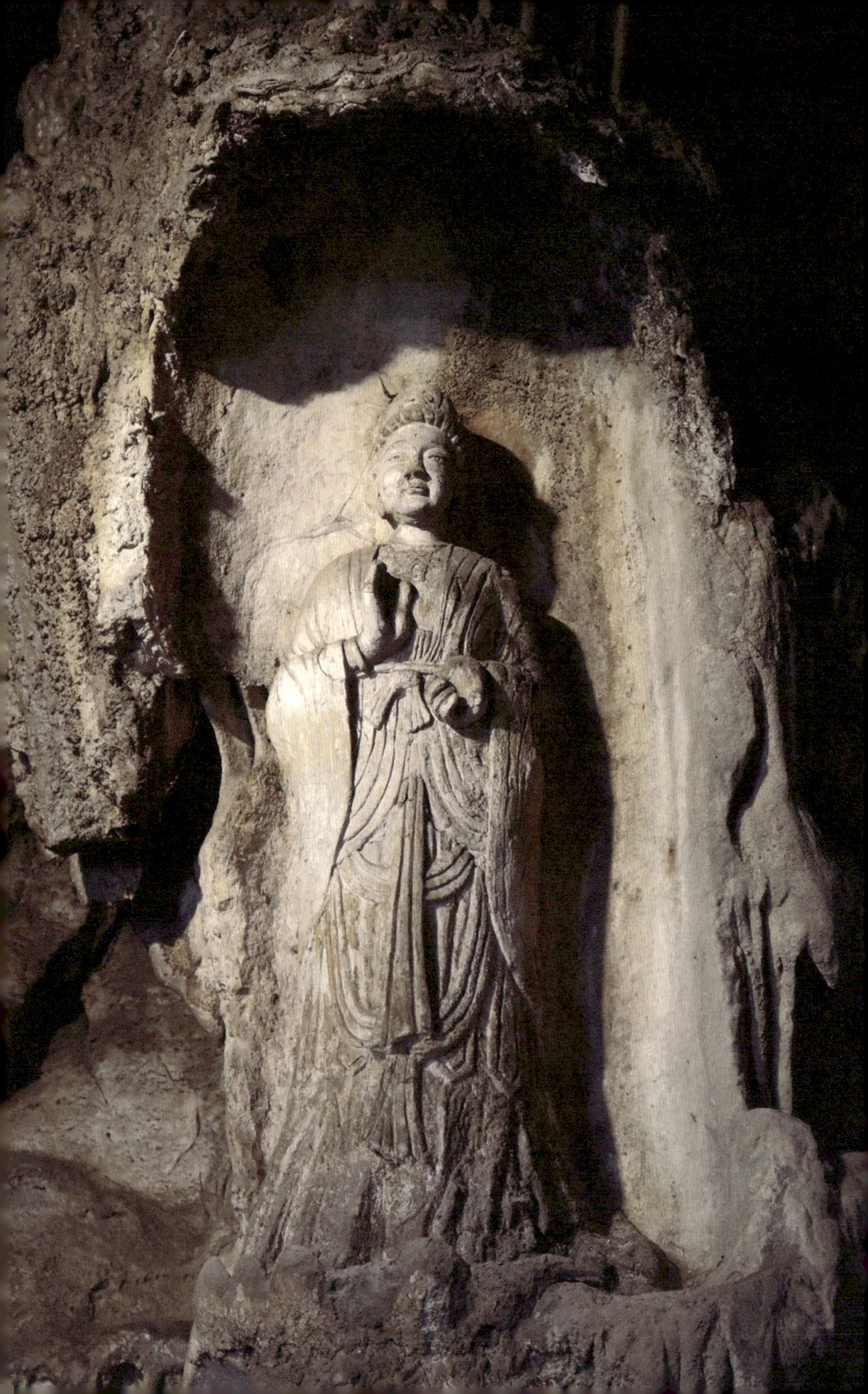

在菩萨像的左侧有一贯通上下的钟乳石，上面雕凿了十余尊造像。在中部位置有一尊像为地藏菩萨像，是目前广西所有摩崖造像中唯一的一尊地藏造像。尖拱形龛高0.54米、宽0.33米、进深0.08米。高浮雕结跏趺坐菩萨像一尊，像高0.26米。造像头部已缺损。身着交领长袍。右肩有钩钮。双手合拢于袖中，垂于膝上。一根锡杖自左腹斜靠右肩。端坐于束腰须弥座上，束腰表面刻壸门。据《宋高僧传》等文献记载，地藏菩萨为新罗国王子，名金乔觉，出家后于唐玄宗时来华，居九华山数十年，圆寂后肉身不坏。由于他发誓必尽度六道众生，拯救诸苦，始愿成佛，深受信众的崇信。在我国各地造像中，僧人手持锡杖的形象基本都是地藏菩萨。

地藏菩萨斜下方赫然有一身孙悟空像，未开龛，减地圆雕，像高0.48米。孙悟空头微低俯视下方，头顶戴紧箍。额头两道皱纹长且深。眼窝低陷。下颌略尖。身着交领窄袖僧衣。蹲踞状，左手摸着头上发箍，右手张开手掌支撑地面。左腿屈于身前，右腿撇于右手外，小腿上都缠布条束紧裤腿。头顶有一卧狮，上承一跏趺坐佛的莲座。其下则是一尊大腹便便的弥勒佛。

贵港南山寺造像的年代一直未有定论。从风格看，与桂林唐代造像有较大的差异，不会早到唐代。元代大德年间（1297—1307）燕帖木儿在《重修南山寺记》中有"其间一二石笋拥成佛

● 贵港市南山菩萨立像

● 贵港市南山地藏菩萨像

贵港南山寺造像　89

● 贵港市南山孙悟空像

状,古人因石像而润色之,立殿宇以崇奉之。……遗像虽存,丹青剥落,良可惜也"等语,表明大德四年(1300)重修南山寺时,至少部分造像已经开凿并被涂彩装饰。追溯更早的文献,则南宋陈说《南山诗》中有"石像天成,匪凿匪劚",说造像浑然天成不似人为。北宋州官俞括《游南山》诗中有"半空摩梵宇,绝顶寄僧龛。……岩呈星斗七,石涌佛身三",则北宋晚期以前的造像数量并不多,仅有3尊。

元明两代可能是南山寺摩崖造像开凿最多的时期。明代成书的《西游记》,描述唐僧师徒西天取经的故事,脍炙人口、妇孺皆知。但是在图像上,唐僧师徒的事迹在甘肃安西榆林窟第3窟的元代壁画上就已出现。壁画中是孙行者双手合十,小腿也束裤脚,可知南山孙悟空造像的开凿至少在元代以后。

贵港南山摩崖造像虽然数量不多,但是极有特点。既有广西唯一的地藏菩萨造像,也有全国范围内罕见的孙悟空造像。这些造像为具有两千多年建城历史的贵港,增添了新的文化底蕴。

富川的唐代造像

广西唐代的摩崖造像选址，有两条显著规律：一是集中于当时的政治、经济、文化中心。桂林作为岭南西部最为重要的都会，其唐代的造像居岭南之冠。二是位于水路交通要道附近。广西桂林外其他两处有唐代造像的地方是博白县宴石山和富川县朝东镇，均属于这种情况。

广西贺州市富川县位于广西东北部，地处湘、桂、粤三省交界处，北有五岭之中的都庞岭、萌渚岭余脉横亘，东连湖南省江华瑶族自治县，南部为贺州市钟山县，西与桂林市恭城县接壤，北与湖南省江永县相邻。富川县属少数民族聚居区，有瑶族、壮族、苗族、侗族、回族、彝族等民族生活于此。

富川县唐代造像位于富川县城北朝东镇秀水状元村后，在一座孤山南麓的岩厦雕凿有三龛摩崖造像。从造像的风格来看，与桂林西山、骝马山、国家森林公园的造像有着较为一致的时代特征，可以初步判断为唐代前期所开凿。

第1龛为一尊立像。造像残损严重，头部、身体表面已无存。仅见圆形头光，阳刻一周，截面呈半圆形。余皆无存。

第2龛为一佛二菩萨三尊像。每个造像各自雕凿尖拱形龛楣，二菩萨龛内正壁与主尊龛正壁有高差，主尊龛的进深较深。主尊倚坐。双重头光，外重浅浮雕桃形头光，内重线刻圆形头光，桃形头光与方形背障相接。头髻宽平，上阳刻圆形螺发。面部表面残损。大耳垂肩。颈长，刻二道蚕纹。宽平肩。内着僧祇支，外披大衣，左侧衣边垂下，右侧衣边绕身后、右肩，由腹部上搭左肩，露出部分胸部。大衣下摆覆遮双腿及座立面。双臂、双脚及腹前衣纹密布。双手下垂，双掌抚双膝盖。垂足而坐。跣足踏于龛底，五趾分明。座为束腰须弥座，分为背障、座面和束腰三部分。

● 富川县第1、2龛造像

左、右菩萨像均双重头光，外重浅浮雕桃形头光，内重线刻圆形头光。头部表面残损。束高发髻。耳大及肩。颈部刻蚕纹两道。上身袒裸。肩披天衣。右肩有帔帛绕左腕，末端垂于体侧，于腿前形成一道"U"字形。下着长裙。左手自然垂于体侧，手斜握一净瓶瓶颈。左菩萨右臂似屈肘，小臂外举。右菩萨右臂带弧形手镯，屈肘，小臂置于胸前，手持半圆形法器。二者皆跣足立于半圆形的台座之上。

第3龛为单佛题材。佛像结跏趺坐。肉髻宽平。面部残损。宽平肩。胸部微鼓。内着僧祇支，于腹前系带。外着双领下垂式大衣。大衣下摆紧裹双足，足形不显。衣边覆遮座的立面。左手下垂置于左膝之上。右手屈肘置于右胸前，似施说法印。座为圆角方形。在座下方的龛外，补刻了束腰及座基部分。

富川县自古以来虽然不是经济重镇，但是却居于沟通五岭南北交通的干线——"潇贺古道"上。五岭也称南岭，远古时代，东西连绵的走向给岭南岭北的交通交流带来了极大的不便，而五岭作为珠江水系和长江水系的分水岭，山间的河谷、河流就成为南北交通的必然选择，于是在广西境内逐渐形成了南北向交通的两条通道。一条位于天平山与越城岭之间，是湘江、漓江上游，称为湘桂走廊。秦始皇征岭南时所修灵渠，就是在两条江的上游通过开凿运河的办法，将向北流的湘江与向东南流的漓江联系起来，此后湘桂走廊在南北交通上的重要性不断提升。另一条潇水、贺水间的通道，称为潇贺古道，也是湘江支流潇水与桂江（漓江到此已称桂江）支流贺水间最近的联系。

● 富川县第3龛造像

这两条道路在秦汉时期完成岭南的大一统进程中起到了非常重要的作用，随后又成为中央政权经略边疆的抓手。西汉武帝平定南越国，东汉马援讨平征侧、征贰的叛乱，无不是从湘桂走廊、潇贺古道共同用兵而达到目的的。

　　这两条通道沿线都进行过大量的考古调查和发掘，特别是秦汉及春秋战国时期墓葬较多，无论从墓葬的规模，还是出土器物的等级，都能看出这一时期潇贺古道的重要性在湘桂走廊之上。如恭城秧家、平乐银山岭、钟山铜盆等先秦至西汉的墓葬，出土了大量与中原地区相似的等级较高的青铜器，而湘桂走廊沿线的墓葬随葬品显然与上述墓葬的相去甚远。东汉时期，郑弘在岭南开峤道，湘桂走廊沿线得到进一步的发展，重要性逐渐超过潇贺古道。唐代桂林、兴安、全州等湘桂走廊沿线留下的唐人石刻在数量上远超潇贺古道沿线的富川、钟山、贺州，可知此时桂林已成为往来南北的重要交通节点。

　　潇贺古道由数条支路组成，其中较重要的一条起于今湖南道县，经谢沐关、朝东、城北或经江永进入富川境内的麦岭、青山口、黄龙，至古城接贺江水路。富川县朝东镇初唐时期造像的发现，表明潇贺古道此时仍然在发挥着相当的交通作用。

　　伴随着中古时期中国经济重心的东移，潇贺古道的重要性进一步降低。开元四年（716），张九龄修通大庾岭道，广东地区与北方的联系越来越少地通过广西进入湖南北去，而是经大庾岭道进江西，顺赣江与江南、中原相联系。初唐时期富川朝东的造像，如同潇贺古道上的一抹余光，见证着这条道路的历史变迁。

田东县八仙山造像

八仙在我国传统文化中是大家所喜爱的人物，铁拐李、汉钟离、吕洞宾、曹国舅、蓝采和、张果老、韩湘子、何仙姑等在各类民俗活动、民间艺术中随处可见，在戏剧、小说、传说、绘画中也是耳熟能详的题材。秦汉以来，道教讲究炼丹（外丹）、练气（内丹）、羽化、升仙。八仙的概念最早由道教提出，但是直至唐、五代时期，八仙的具体组成并不是固定的，而是随时随地根据需要放入不同的人物，如"酒中八仙""蜀八仙"等，此时张果、蓝采和之名已见于《太平广记》中的神异故事里。

两宋时期，我们熟知的八仙之名渐次出现于绘画、戏剧中。元代至明代中期，李、钟、吕、曹、韩、蓝、张等七人已齐备，但第八人却不是何仙姑，而是徐神翁（也称徐守信），如山西芮城永乐宫内元代的八仙壁画，就是这八人。这幅壁画也是目前国内现存八仙过海题材中时代最早的作品。大致在明嘉靖年间（1522—1566），何仙姑因有天门扫花之功德位列仙班，从此在八仙中取代了徐神翁的位置，八仙的组合自此方固定下来，延续至今。八仙中男女老幼、富贵贫贱、斯文粗野等各种特点均有，信众都能从他们身上多多少少看到自己的影子，所以八仙备受喜爱。

　　八仙形象在壁画、绘画以及明清时期瓷器上较为常见，而在石壁上雕凿，则非常罕见。目前国内明代的八仙摩崖造像似乎仅见广西这一例，开凿在广西百色地区的田东县江城镇八仙山南面，为一铺八仙与慈航真人的组合，反映出当地特殊的风俗信仰。摩崖造像位于崖壁上部一处较为平整岩体位置，龛呈横长方形，宽3.3米、高约1米、进深0.15米。共开凿造像10尊，造像均为高浮雕，一字排开。

　　右1（以造像自身的视角描述左、右，本书其他地方同）为铁拐李，面朝左侧。光头，长脸。嘴部张开。大袖褪至肘部。左手托一葫芦，右手持一拐杖。左足支撑身体，右腿弯曲，小腿较细，其上绑有纵向杆状物，当为跛腿。

● 田东县八仙山造像

右2为何仙姑，前额波状刘海，两鬓结发。面目清秀。内着圆领衣，外着翻领长袍，下穿长裙。左手持长柄笊篱扛于肩上，右手屈于胸前。

右3为曹国舅，头戴进贤冠，额间皱纹密集。眼窝深，脸颊微隆。两腮及下颌长须。内着交领衫，外着对襟袍。左手垂于体侧，右手屈于胸前，似持云板。

右4为汉钟离，头上梳两圆形髻。八字眉，豹头环眼。眉头皱起，脸颊圆润。唇上、下颌蓄长须。衣服领部下垂，露出部分胸腹。左手放在腰间，右手提着一把小小的芭蕉扇。

中间为慈航真人像（右5）。慈航真人头梳高髻。头微低下，俯瞰芸芸众生。面如满月，慈眉善目。内着圆领衫，外着对襟长袍。盘腿端坐于莲座之上。左手屈于胸前，右手抱着一个婴孩（右6）。婴孩头发茂盛。圆脸，右手扬起。

右7为吕洞宾，头戴道士帽的中年模样。背上背着一把宝剑。双手在胸前，左手握着一把芭蕉扇。

右8为韩湘子，头戴官帽，帽翅上翘。双目圆睁眺望远方，双手执箫在嘴边吹奏，似乎沉迷于曲中的境界。

右9为蓝采和，帽子偏斜。样貌较年轻。身着交领大袖长袍，腰间系带，带上挂着葫芦状饰物。左手提一花篮，右手屈于胸前。

右10为张果老，稚气未脱的少年状，头顶上束两个发髻。身着交领大袖长袍，腰间系带。双手在胸前持一渔鼓。

在田东当地，人们对造像中的人物的认识有所不同。他们认定居中的女性特征明显的是何仙姑，而把右8头戴官帽的韩湘子当作本地传说中的牛首人身的"牛头仙"。仔细观察这两尊造像,"牛头仙"的角并不是尖的,面部五官分明,非牛头状,洞箫也是韩湘子的法宝。我们较熟悉何仙姑手持荷花的形象,此处何仙姑(右2)肩扛的笊篱是她在天庭门口蟠桃树下扫桃花的工具,也是何仙姑的法宝之一。

造像中最为奇特的当属张果老,他的造型是一个少年模样。张果老是别人对他的尊称,原名张果,以长寿而闻名。其手中持物确是张果老的法宝——渔鼓筒,与其他老翁造型的持物完全相同,或许这是一种表达张果千年不老的方式吧?

慈航真人是将佛教观音菩萨的形象和功能引入道教而新创造出来的道教神祇。她因也具备观音菩萨"送子"的能力而备受信众的崇敬,民间重视传宗接代,慈航真人具备这样的灵验而引来信众,也因而被称为"送子娘娘"。观音菩萨与慈航真人在形象上较为接近,且二者多抱有一婴孩,象征给求子的信徒带来子嗣的法力。但是,二者图像的区别还是比较容易分辨的。观音像往往头戴宝冠,冠中有化佛,身披璎珞,中衣领部较低,露出颈下部分胸部。慈航道人服饰较为朴素,头部多披巾,身体没有璎珞装饰,中衣衣领开在颈下,较为严实。

志书《向都江城广记》记载了出资造像的人为土司黄九霄,"田东印茶上有八峰,其峰峻而齐齐簇立,拔地而起,高逾一百二十尺,峰前之崖如刀砍斧削。土官姓黄名九霄,为此山所惑,以为仙境,故请磨民依山形而雕凿之"。黄土司祖籍湖南省永州府零陵县松柏乡侣水桥村,《镇安府志》卷六记载了黄氏土司的世系。该族土司在向武州（田东县江城镇明代属向武州）在位28任传承25代。自洪武初年，先祖黄志威任知州以来，传至黄九霄，已历9代11任土官。他大致生活在明朝嘉靖年间，嘉靖后期为知州。摩崖造像的开凿应该就是他为知州的这段时间。

这一铺造像最大的特点是道教的八仙造像与慈航道人同处一龛。此地在明代属少数民族聚居的土司辖地，道教题材在此出现应该有一定的考量。造像出资人黄九霄是管理少数民族地区的土司，其家族却来自汉族地区，在广西西南部经过了近十代人的繁衍生息，汉文化的熏染依然延续了下来，所以选择流行的汉地题材来造像。而广西少数民族地区相较于佛教，对道教更为崇信。八仙象征长寿多福，慈航道人有着"送子"的灵异，他们同处一龛反映出无论是汉族官员还是当地各族百姓，都有共同的愿景，那就是对长生不老和瓜瓞绵延的渴望。

黄九霄是一个较有作为的土官，深受百姓爱戴，时至今日，江城一带还流传着许多关于他的故事，百姓建了供奉他的庙宇，旧时香火缭绕，香客不断。他去世后葬于桂平西山脚下，每年的九月初四，桂平及周边的黄氏宗亲都会在他坟前举行公祭仪式。

河池市宜州白龙洞宋代造像

广西河池宜州区（原为宜山县）山清水秀，人杰地灵，这里是壮族歌仙刘三姐、宋代皇祐元年（1049）三元及第状元冯京的故乡，也是宋代书法四大家之一——黄庭坚被贬谪、去世之地。清澈碧绿的龙江穿城而过，江北屹立着一座状若雄狮的会仙山，是俯瞰全城绝佳之所，为古时宜州八景之一。明末徐霞客曾到此盘桓良久，在游记中留下了对此地美景的赞叹。

会仙岩半山的白龙洞自宋代以来已是当地的游览胜地。洞内洞外均有大量摩崖石刻，最为著名的是《供养释迦如来住世十八尊者五百大阿罗汉圣号》与《石达开题壁诗》。与北宋石刻时间相当，当时在此也开凿了4铺摩崖造像，其中洞内有造像3龛，洞外有造像1龛。

第1龛，通高1.6米、宽2.2米、进深0.1米。共15尊像和1只狮子。分上下两排，上排主尊居中，两侧各4尊造像。下排居中为狮子，两侧各有3尊造像。主尊头部无肉髻，初步判断是罗汉，而非如来，其余人物有弟子、武官、文官、妇女等。

主尊罗汉像高0.9米。半跏游戏坐。阳雕圆形背光。光头。

● 河池市宜州区白龙洞第1龛造像

额间白毫凸起。身体较丰腴。内着袒右僧祇支，外着大衣，右侧衣边绕身后经腹部上搭左肩的钩钮。左手下垂置于左脚上，掌心朝上，掌下似夹着某种上宽下窄的法器。右臂残断，从残痕推断为屈肘，右掌置于右胸前。左腿垂下，踏于莲台上。莲台上刻仰莲瓣。右足盘屈于座面，右足下方座基之上有一莲蕾，表面刻仰莲瓣。座为束腰须弥座。

第2龛未开龛，在岩壁减地凿出造像。平整区域通宽1.5米、高1.6米、进深0.14米。共有造像5尊。主尊为骑象的普贤菩萨。普贤菩萨头后有双重头光。头戴花冠。颈下戴花型璎珞。内着僧

● 河池市宜州区白龙洞第2龛造像

祇支。外披双领下垂式大衣。结跏趺坐横于象背之上。双手屈肘置于胸前，左掌在下，掌心向上，似托一圆形法器。右掌在上，掌心向下。菩萨坐骑白象面朝右侧。象头上套着络脑。长鼻垂卷。每侧象牙三只，自下而上逐个缩短。耳朵长条状。背部铺着方形座毯。四足柱状，迈步前行。尾部贴身垂下。

象后为一胡人，也叫昆仑奴，是为普贤菩萨养象、训象的东南亚、南亚或非洲的土著。他头戴圆筒状帽子。鼻尖略勾。络腮胡。身着翻领大衣。腰部束带。于腹前打结，末梢垂下。下着紧身长裤，裤脚塞于长筒皮靴之中。右手执一长棒扛于肩头，长棒末端较粗。左臂屈肘，左手握拳于胸前。

　　胡人上方雕一人骑在马上。人面朝右侧，头微仰。似戴帽子。五官较为模糊。身着交领大衣。宽袍大袖。衣纹较密集，截面呈圆凸棱状。右手伸直，举过马的头顶，似在控马。左手屈肘，置于胸前。足部垂下。马头扭向左侧，双耳直立。双眼尾端上提。头上戴络脑。马背铺方形座毯。

　　右下角浮雕一对供养人。靠内者为男性。跪姿。侧向主尊。头戴冠。面部饱满。眉弓与鼻翼相接，眉细，目微闭。耳廓分明。身着交领大衣。袖宽。双手执一长柄香炉。其身后为一妇人。立姿。侧向主尊。头部梳高髻。脸部丰满。眼微闭。内衣领平，外着交领长裙，裙裾拖地。双手合拢于胸前衣袖中。

　　普贤菩萨上方略偏右有一方石刻，名为《龙管捐造普贤菩萨造像记》：

宜州街西居住仵作行人龙管同妻罗氏九娘，于绍圣戊寅六月初八日往江北保民寺会仙山佛阁烧香。观洞中圣迹。当时同妻发心舍净财，命匠人就石上刻出普贤菩萨，白鹿大师部从真相，并管夫妻出身。请僧开光，永充供养。乞资荐亡父龙四郎、亡母刘氏八娘、亡庶父梁八郎、丈人罗一郎、丈母吴氏四娘、道姑陈氏三娘等，早超生天界。次愿龙管夫妇男女合家四时无非横之灾，八节常有□来之喜庆。时大宋元符元年八月中秋日。清信弟子龙管记。

　　第3龛通高1.9米、宽2.5米、进深1.2米，共8尊造像。可分为上下两排，上排7尊造像，中间为一佛二弟子，外围各安排两位俗家信众。下排一像，仅有轮廓，似未完工。

主尊结跏趺坐。像高1.1米。阳雕圆形头光。肉髻馒头状。发际中央向上形成尖形。面部残损。左眼框平。双耳贴脑。颈粗短。圆肩。右侧身体、双腿表面残损，左侧可见外着大衣，右侧衣边绕身后经腹前上搭左肩，露出部分胸口。双手下垂抚双膝。座为长方形。

第4龛位于白龙洞外右侧崖壁上，高0.42米、宽0.31米、进深0.05米。方形龛楣，龛底平。造像立姿，高约0.2米。头部、身躯表面残损严重，已难辨细节，仅可见线刻圆形背光。

造像正上方有一方形题记，内容为：

● 河池市宜州区白龙洞第3龛造像

● 河池市宜州区白龙洞第4龛造像及题记

大宋绍圣五年岁次戊寅五月二十一日，使院守关节级潘助伏睹江北保民寺会仙山第三岩石乳生出行道观音形象。今命匠刻菩萨真像，庄严圆备。奉为荐资先祖父母早超生界。次乞自身事官清吉，眷室尹氏十一娘、男潘用之各保平安。谨记。

宜州地区宋代造像数量急剧增加的原因与宜州在唐宋间政治、军事地位的上升有很大的关系。唐初时尚未在此设正州，高宗始设宜州，而周围均是少数民族聚居的羁縻州，汉族民众很难深入到此，且唐中后期西原蛮、南诏对岭南西部的侵扰让岭南五管（广州、桂州、邕州、容州、交州）疲于奔命，中央政权对桂西北地区的开发因而受到阻滞。

北宋开始，宜州的行政区划有所扩大，其周围的羁縻州得到相应开发，乡、村等行政建制建立起来，成为"熟蛮"，有编户齐民，税赋徭役均须缴纳，与汉族聚居区有更多的往来。宜州周围河谷较开阔，有大量农田可供耕种，适合屯兵以控制周围羁縻区。宋代周去非《岭外代答》中认为宜州是"群蛮"的"腹心"，控制好要害有助于中央政权对边疆的经营。因此在此设立了庆远节度军，屯半军戍守。

宜州白龙洞造像的开凿反映了该地区"汉风日盛"的过程。黄庭坚被贬宜州，在此教化百姓。宜州出生的冯京三元及第，高中状元。这些现象无不是和白龙洞造像一样，是桂西北地区民族融合进程中的一个缩影。

河池市金城江区十六罗汉

罗汉也称"阿罗汉",是佛教众神体系里的一级。在小乘佛教教义中,罗汉是信众们依靠自我修行能够达到的最高果位,地位仅次于教主释迦牟尼和菩萨。达到罗汉果位的信众即可以不堕入轮回。大乘佛教发展了住世罗汉的职能:他们受佛的嘱托不入涅槃,在释迦佛陀灭度之后、弥勒尚未成佛之前,在暂时的无佛世界护持正法、利益众生。最初的罗汉都是释迦牟尼的弟子,如宾头卢、罗睺罗、迦叶等。佛陀涅槃后,罗汉数量渐多,大家熟知的主要有十六、十八、五百罗汉等。

十六罗汉早在南北朝时期已为佛教信徒所知。北凉道泰和尚在其翻译的《入大乘论》中记载了十六罗汉的名号。唐代玄奘法师所译《大阿罗汉难提密多罗所说法住记》是目前认可度最高的十六罗汉的根据,罗汉的职责是"住世护法,等待弥勒降临"。此经一出,十六罗汉开始逐渐为百姓所信奉和赞颂。后发展出十八罗汉,多出的两位罗汉的名称历代说法不一,直至清代才被乾隆皇帝钦定为降龙罗汉和伏虎罗汉。

在广西河池市金城江区河池镇大杨村东北方向150米处凤凰

山上的罗汉岩内，雕凿了一佛二弟子及十六罗汉的造像，是目前广西所发现的唯一一铺十六罗汉像。罗汉龛雕凿于罗汉洞内东壁中部，距洞口约5米，距离地面1.9米。全龛大致宽3.15米、高1.76米、进深0.07米，浮雕19尊造像，上部正中安置主尊，体量相对较大。主尊两侧为两个弟子，立姿。其余16尊为十六罗汉，均为坐姿，体量相当。可分为三排，最上一排共4尊罗汉，主尊及二弟子外侧各安排两尊。第二排共雕8尊造像，以上排主尊正下方为中轴，两边对称分布各4尊造像。第三排在主尊下方居中位置安排4尊造像。全部造像整体显得主次分明，经过精心设计。

● 河池市金城江罗汉岩第1龛

龛型不甚明显，龛楣较平，两侧无明显龛边，两侧龛底在第二排两端，龛底中部斜下第三排造像底部崩损较多，已难看出精确走向。龛底下方0.1米左右岩体为自然形成的内凹，使整龛造像的视觉效果更为突出。

主尊佛像高0.6米。结跏趺坐。无头光、背光。头部占身体比例略大。无明显肉髻，螺发呈圆形，顶部略尖。正中阳刻髻珠一枚，较螺发直径大。脸长圆。发际线较平，额间较窄。面部残损，五官已难辨识。眉弓弧平。嘴较小，两端嘴窝深。下颌刻弧形下颌线。招风耳，耳垂略不及肩。颈部粗短。圆肩。内着袒右僧祇支，右肩披覆肩衣，外着袒右大衣，右侧衣边覆遮部分右肩，绕右腰上搭左肩的钩钮。部分衣边覆遮左臂，左胸衣边外翻。大衣下摆裹住双腿，不显双足轮廓。左手垂于左腿上，掌心向下；右臂屈肘上举，掌心朝外，手指残损，似施无畏印。佛座为横长方形。

这铺造像开凿在长居人口较少的偏僻地方，上山道路荆棘密布，崎岖难行。那么它是开凿于何时呢？在河池各地的相关文献中，并没有关于这铺造像的记载。造像周围虽然凿平了一处用于刻写题记的平面，但是上面却没有文字。通过与国内其他地区造像的对比，我们推测可能是宋代所造。

其一，从风格上看，金城江造像与桂林叠彩山宋代造像非常接近。两地都流行一佛二弟子的组合方式。佛像头部在身体中所占比例较大，发髻中间往往有髻珠。佛衣的样式都带有钩钮。弟子及罗汉身着交领式的僧袍。叠彩山造像有数方题记，其中的纪年表明叠彩山造像大都是北宋年间开凿的。与之风格接近的金城江造像，其年代应与叠彩山造像相近。

其二，从题材上看，十六罗汉是五代至宋时期非常流行的题材。五代至宋是十六罗汉像发展的重要时期。宋初黄休复所著《益州名画录》记载了当时大量的罗汉绘画，其中最有名的画家当属贯休和张玄。受绘画的影响，四川、浙江等地出现了大量的十六罗汉造像。如杭州烟霞洞五代吴越国时期的十六罗汉，是目前已知最早的十六罗汉摩崖造像。四川地区的十六罗汉像多达21处，以前蜀、后蜀至宋代的数量居多。

此外，罗汉信仰在宋代逐渐扩大至十八罗汉、五百罗汉。金城江附近的宜州白龙洞内有一方《供养释迦如来住世十八尊者五百大阿罗汉圣号》，其年代为北宋，也可证明当地宋代的罗汉信仰。然而，我们目前所能见到宋代以前的十六罗汉像，往往有两种图像体系。一种是贯休绘制的"梵像"，所有罗汉皆是以夸张的曲线表现的胡人样貌，形骨古怪。另一种是罗汉画高手张玄绘制的粉本。张玄所绘的罗汉皆国人样貌，即"汉人汉像"，迎合世俗口味。

以上汉、梵两种风格在广西都有深刻的影响。金城江十六罗汉就是"汉人汉像"的作品。汉式风格的罗汉像数量以川渝地区居多，且时代可早至唐末。宋朝政府面对在大理和安南方面的压力时，较唐代有较大的改进。在此区域交通路口、险要之所建军寨，在宜州设节度，促进经济社会进一步发展，加强了与其他地区的交通联系。金城江罗汉像很有可能受到了川渝地区罗汉像的影响，反映了两地存在较为密切的人员、贸易往来，及由此引发的文化交流。

贯休所创的梵式风格对江南地区的罗汉像影响巨大，而对广西石刻的影响则晚至清代。桂林桂海碑林博物馆就保存有以贯休所绘十六罗汉拓片为粉本雕刻的十六罗汉石碑。这些石碑最早安放于桂林西山华盖庵，时在清代乾隆五十八年（1793），摹刻自杭州圣因寺的贯休作品。该作品上有乾隆皇帝的御书赞语。

宜州会仙山上的石刻"连环画"

傅翕（497—569），东阳郡乌伤县（今浙江省义乌市）人，字玄风，自称"双林树下当来解脱善慧大士"。文献中有傅大士、双林大士、东阳大士或乌伤居士等多种称谓。

在宜州会仙山白龙洞外山崖石壁上，有一方《婺州双林寺善慧大士化迹应现图》石刻，呈圆拱碑形，高1.9米、宽0.9米。真书，字径0.02米。石刻内容以文字与图形相结合的形式，描述傅大士的种种事迹，借以表明作为补处菩萨（即弥勒佛）的傅翕有诸多灵异之处。

碑额题"婺州双林寺善慧大士化迹应现图"。其下绘制了28幅化迹事迹，并做了简略的说明。

第一幅图描绘了三座并排的塔，塔高五层，楼阁式，大士端坐于中间塔的下层。表现的是大士涅槃之后，安排徒弟们在山顶上建三座塔，让信众能够看见，从而产生慈悲之心。

第二幅同样绘制三座塔，中间一座名为大士妙光塔，左右分别为二男塔（代表其二子）、集阇梨塔（代表僧人）。

第三幅绘一座宫殿，一位皇帝模样的人立于殿中，大士立

● 河池市宜州区会仙山《婺州双林寺善慧大士化迹应现图》拓片
（采自韦丽忠、韦茂明主编：《宜州历代石刻集》）

于殿外，二者面对面聊天状。表现的是梁武帝与大士在寿光殿交谈。梁武帝看大士要回山上修行，送他一颗水火珠。

第四幅描绘了一个人在宫殿里关门的情形。表现的是梁武帝听说大士有非常厉害的神通，于是将所有宫门都锁上。大士知道后，拿了一对木槌，在最外面的宫门一敲，里面的九重宫门也一并被打开。

第五幅描绘在一屋顶上方，大士乘云而来。表现大士从兜率天乘祥云下凡投胎，其母王夫人在夜里梦到五色祥云入其腹中。

第六幅描绘一妇女在房中怀抱一婴儿。表现建武四年，大士母亲王夫人诞下大士的地方。

第七幅绘制9尊佛像，祥云绕顶。表现过去七佛、大士、维摩诘，现代佛释迦牟尼叮嘱大士将在未来接替自己的地位。

第八幅绘一男一女相对而立，男子身着袈裟，背放光芒。表现了大士告诉其妻自己是弥勒佛的身份，其妻嗅到他身上的香气并见到他身体遍布金色光辉，于是深信不疑。

第九幅描绘四人，或坐或立。表现大士即将进京时，吩咐弟子徐普授等人取纸笔记录当天天帝与密迹金刚前来给大士送行的事迹。

第十幅绘制傅重昌、大士妻子及两个儿子等四人，表现大士将妻子和两个儿子卖给傅重昌家，并让他们日夜诵经。傅重昌见三人诵经不止异常惊讶，遂将三人又送回给大士。

第十一幅绘制大士一家四口，大士坐于石上，对站立的妻子和两个儿子说，我要举行大斋会，需要卖掉你们三人来筹措资金，他妻子慨然应允,说希望四方信众因此都得到解脱。

第十二幅描绘房间内大士仰卧于床上,三人立于床侧。表现大士涅槃七日后,乌伤县令陈钟前来求结香缘的事迹。

第十三幅描绘大士端坐于龙华树下,两个弟子侍立于前。表现大士即是弥勒佛,居住于第四兜率天。

第十四幅描绘两个僧人端坐于熊熊火焰之中。表现大士的两个儿子在黄山顶砍柴烧身灭度的地方。

第十五幅分上下两部分,上部绘制大士端坐于两棵树下说法,众弟子及其二子在前听法。下部绘制大士已成佛,旁边有两位胁侍菩萨,中间摆满贡具。

第十六幅绘制大士对弟子谈话状。表现嵩头陀在西竺去世,大士对徒弟说,嵩头陀是到兜率天等我,我也该去兜率天了,于是在大建元年四月二十四日涅槃,时年72岁。

第十七幅描绘大士与妻子立于树下,另有数人坐于地上。表现内容是有一个叫贾会的法师不相信大士的神通,大士让妻子用半筲箕饭源源不断地供应八十余人进食,展现出神通。

第十八幅绘大士与三人对坐。表现和尚智胁、贾设井的妻子到黄山礼拜大士,见到大士的脚掌呈金色,长一尺二寸有余。

第十九幅绘两人立于水中捕鱼,一僧人持伞在岸上。表现大士和乡里人在捕鱼时遇到天竺僧人达摩嵩,大士让达摩嵩从水中倒影看到大士头上的圆光,自证是弥勒的化生。

第二十幅绘大士立于城门外。表现一个狡诈的太守名叫王休,他虽然幽禁了大士二十余日,但大士变出许多分身,遍布城市各处，人们对大士益发恭敬。

第二十一幅绘大士向空中的佛礼敬。表现大士在园中见到一尊佛遍体金光，身长一丈六尺，从东面降下，空中布满亮光。

第二十二幅绘大士在前行走，其妻刘妙光骑于马上，马后有一仆从肩上挑着两个包袱随行。表现大士十六岁时娶刘妙光为妻，其后生下长子普建、次子普成。

第二十三幅绘天竺僧人嵩头陀立于岸边来拜见大士，渔夫形象的大士站在水里。

第二十四幅绘大士与一弟子，旁边一只猛虎在吃食。表现大士的神通能让猛虎向他乞食。

第二十五幅绘一和尚端坐云端，旁有一口大钟。表现大士入灭后，有人送来屏风和九乳钟放置在大士的祠堂里。

第二十六幅绘两个人在拉牛犁田。表现大同二年，村庄的牛都死了，人们没有牛耕田，大士变出牛和农具，让他两个儿子替村民耕田。

第二十七幅绘大士在荒原里看到有人在偷东西，连忙藏匿躲避，待小偷走了以后再进入园中。表现了大士的菩萨心肠。

第二十八幅绘弥勒在须弥座上说法，弟子与信众团坐周围。表现大士在七岁的时候，梦到自己坐在高座上，妖魔鬼怪被压在座子之下。

石刻最后注明了刻石的目的，首先祝愿皇帝千秋万岁，天下安宁，其次祝愿自己的历代祖先都在佛国重生，一切信众，能证悟善道。

傅大士活跃的年代在南朝的梁、陈两朝，浙江东阳地区的双林寺是其驻锡之地，因此影响范围主要在江南地区。他自称是补处菩萨，来到俗界有无数个分身，为的是扶危济困、救民于水火。后世多把他当作未来佛弥勒的化生，历梁、陈而隋、唐，民间百姓和普通僧众对傅大士的崇信与日俱增。北宋元丰七年（1084），善本和尚在婺州双林寺修行六年后，当地民众认为他是傅大士重生。或许是出资刻石的"李俊、李晟、桂府劝首秦道□、住持保民禅寺沙门洪耀"等人此时曾到过婺州，了解当时对傅大士重生的奇闻，带回了那里流行的傅大士化迹应现图像，于绍圣丁丑年（1097）刻于白龙洞口山路边。首先祈愿皇帝（此时宋哲宗当政）长寿，人民平安，国少战乱。然后希望亡故的先人永生佛国，信众能通过行善的修行证悟佛道。七年之后的崇宁三年（1104），即位三年的宋徽宗下诏授予双林傅大士"等空绍觉大士"的谥号。

宜州会仙山《婺州双林寺善慧大士化迹应现图》是目前广西唯一一处以傅大士神迹为内容的石刻及图像，在国内亦不多见，弥足珍贵，是我们研究宋代宜州地区宗教信仰、民俗，与外界文化交流的重要实物资料。

桂林摩崖造像上的"六拏具"与"摩羯纹"

摩崖造像龛内，往往会在佛、菩萨等主体周围，装饰一些特殊的纹饰，以体现佛教神祇的尊贵，同时也蕴含着一定的佛教教义的内涵或象征意义，如在佛的头顶上装饰华盖、帷帐等，这些图案并不是某个特定神祇的专属。而另外有一些图案则是与特定的佛或菩萨相对应的，如观音菩萨像往往有净瓶或柳枝的图案，泗州大圣会在腹前装饰一个三足凭几的图案。根据这种约定俗成的装饰形式，观者就能意会到这尊造像是佛教中的哪一位神祇。在桂林摩崖造像中，少数几铺造像的主尊两侧，采用了"六拏具"这种装饰，突显出佛像的富丽与庄严。

桂林市国家森林公园第1龛主尊释迦牟尼佛座外的两侧均有浮雕的宝瓶、动物纹饰，对称分布。装饰分三层：最下一层为宝瓶，瓶口外侈，细颈，圆腹，底足为覆莲瓣形，刻莲瓣五瓣。中部为立狮，头部较小，嘴尖呈鸟喙状，鬃毛内卷。后足立于瓶口之上，身体直立，前足腾空，尾巴上翘贴在背上，显得非常雄健。上层为摩羯鱼的头部，与背障顶部的两角相接。嘴微张，上吻长而上卷，下吻短，微下撇，嘴中含一宝珠。头顶、背部的鱼鳍略呈锯齿状，给人以凶猛的感觉。

● 桂林市国家森林公园第1龛造像六挚具细节

这类用于佛像的背饰多见于明清时期的藏传佛教造像中，称为"六拏具"。据清代工布查布所作《佛说造像量度经解》记载：大鹏、鲸鱼、龙子、男童、兽王、象王等六种因素俱全称为"六拏具"，这六种象征性的图案在梵文发音中的尾音都是"拏"音。然而早期"旧式"（汉地佛教）中六种因素并不齐备，仅有摩羯（鲸鱼）、立狮（兽王）等两三种，佛经中没有提及这个图像的专有名称。明清时期随着藏传佛教影响的不断扩大，"六拏具"发展完善，成为壁画、造像、唐卡等礼佛形式中普遍采用的装饰图案，在佛塔等佛教建筑装饰上也常有使用。

桂林所见"六拏具"式装饰即所谓的"汉地旧有其式"，它最早见于佛教的发源地——印度。六拏具随佛教传入我国之后，其组合与样式不断发展变化，演化出时代性、地域性的差别。在公元前一世纪营建的印度桑奇大塔的栏楯上就能看到鳄头鱼身的动物，这是印度早期摩羯鱼的图案。在印度萨尔纳特考古博物馆我们就能看到和汉地造像中几乎一样的立狮、摩羯鱼装饰，时代是约公元470年。

这类图像最早在隋唐时期流行开来，同时也伴随着对这一图像的中国化改造。敦煌石窟405窟中弥勒像座两旁最下方有神王承托立狮，立狮头上顶一化生童子。龙门石窟二优填王洞是较早的优填王像，题记纪年为"永徽六年"（655），座两侧有线刻的立狮、摩羯鱼的图像。略晚的龙门石窟惠简洞完工于咸亨四年（673），主尊弥勒采用靠背椅式的佛座，增加了下层的宝瓶。由此可见，这种兽类装饰从印度传入中国的时间很长，经历了一些

● 印度笈多时期造像（转引自王镛:《印度美术》）

本土化演变过程，增加了宝瓶、龙子、男童等印度原型中没有的元素。

桂林这几铺唐代造像采用的"六拏具"在装饰形式上，大体只是固定了摩羯鱼、立狮两种拏具。有意思的是，与存在于现实世界的狮子不一样，摩羯鱼和中国的龙一样，是人们创造出来的神异动物。

摩羯鱼在梵语中称为"摩伽罗（Makara）"，意即"鲸鱼、巨鳌"，这种动物在印度神话中比较多见，身体像鱼，有鱼鳍鱼尾，但是头部有长鼻利齿。摩羯鱼并非真实存在的动物，而是鱼、象、鳄三者形象的混合，代表河水之精、生命之本。在印度佛教建筑上较为常见。摩羯鱼图像传入中国之后，摩羯凶猛的一面更多地被人们所关注。晋到唐代的相关文献中，双眼如日，身体巨大的摩羯显然是性恶的动物，它们毁坏船只，对海上航行造成巨大威胁，人类对其无能为力，然而佛陀却能够将其降服。《贤愚经》里有记载，"时鱼闻称南无佛声，即时闭口，海水停止，诸贾客辈，从死得活"。正因如此，摩羯鱼与佛教关系密切，摩羯鱼是天龙部众之一，也是佛的护法群体。六拏具从隋唐至明清，形制有许多演变，但是摩羯鱼的变化是最小的。

唐宋之际，摩羯纹从"六拏具"中被借鉴到其他领域。摩羯形象在金银、玉、宝石镶嵌等高档器物及装饰品上广泛出现。无论是"舶来品"还是国内工匠模仿学习的仿制品，由于器物具有浓厚的异域色彩，很受社会上层的喜爱。在法门寺、何家村窖藏等唐代重要考古发现中，可以见到大量这类精美的金银器。出口西亚地区的瓷器中，也有为了迎合国外市场而绘制摩羯纹的瓷器。1998年印尼"黑石号"沉船中出水了67000余件瓷器，其中长沙窑的产品就有不少饰有摩羯纹。

广西古代所见的摩羯纹除了摩崖造像之外，还有摩羯鱼形青铜器和宋代青白瓷器上的摩羯鱼纹饰。藤县中和窑是广西宋代生产青白瓷的主要窑场之一，在盘、盏等器物底部中央刻摩羯纹作为主纹饰，周围以席纹、珍珠纹、菱形纹作为辅助。成为中和窑较为独特的装饰纹饰。

摩崖造像与地方历史

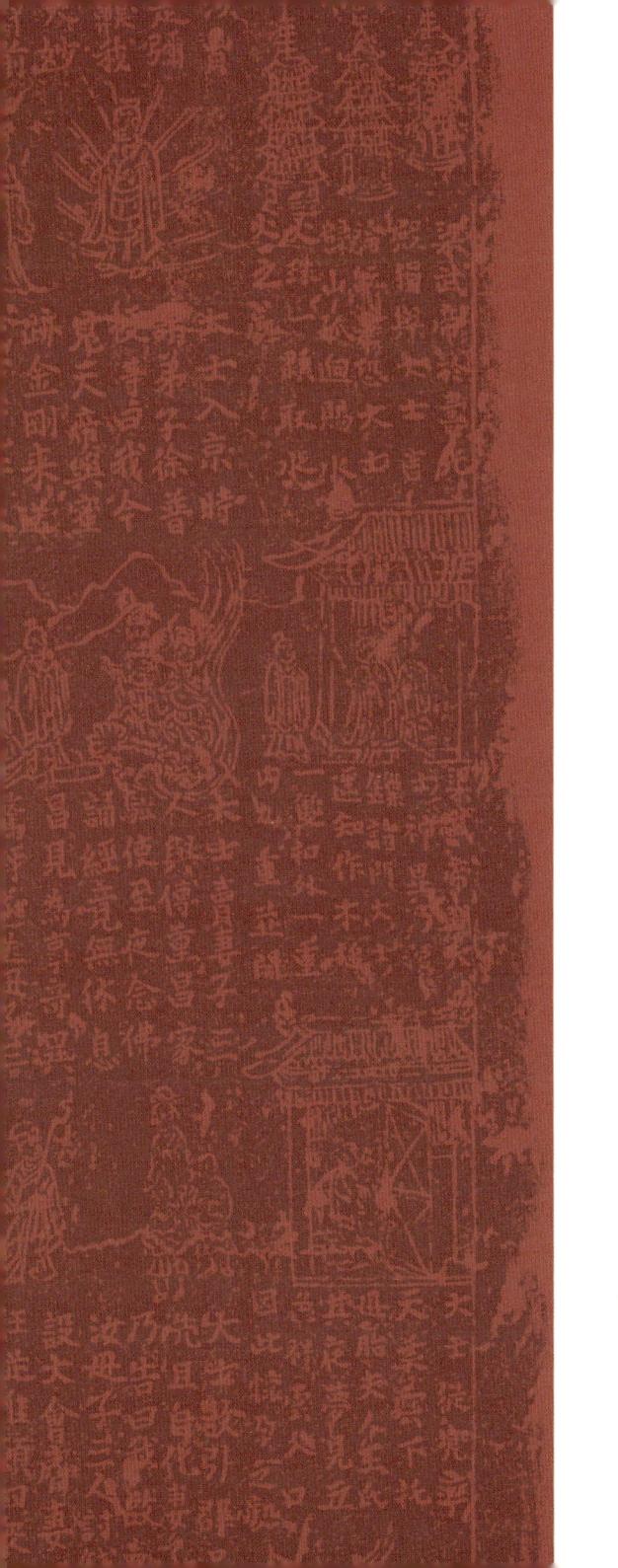

桂林西山"李寔造像"及李寔家族

公元679年的一天,一位老者手持一幅佛像画,对着西山上的一铺造像仔细核对细节。他叫李寔。他不知道的是,1400余年后,他花巨资开凿的这铺造像,已经是桂林摩崖造像中最为有名的一铺。他的名字也和造像一样,没有泯灭在如烟的历史长河里,而是成了不朽的存在。像龛为横长方形单层龛。尖拱形龛楣。龛高2.32米、宽2.44米、进深0.34米。近圆雕一佛二菩萨三尊像。造像全身及座被现代信徒涂满金色颜料。

主尊结跏趺坐,右腿在上。线刻舟形背光。肉髻呈覆钵状,光素无纹。脸长圆。肩宽平。胸肌健实,胸廓明显。腰部纤细,腹部平坦。着袒右大衣,薄衣贴体,不刻衣纹,仅在左肩及胸腹部、左腕、右脚踝部刻出衣边。左手下垂置于腹前,掌心向上,施禅定印。右臂戴宽带形臂钏,手臂下垂,手掌抚右膝,指尖朝下,施触地印。

两边胁侍菩萨结跏趺坐。发髻中部略尖,束发带。宽肩细腰,小腹微鼓。上身袒裸,帛带自左肩斜向右肋绕身后。下着裙,腰带在腹前打结后垂于座前。裙腰略外翻,裙裾紧裹双腿,不显

● 桂林西山"李寔造像"

足形。双手合拱或合十于胸前。

龛外左下方有一方题记。内容为：

唐调露元年十二月八日，隋太师太保申明公孙昭州司马李寔造像一铺。

● 桂林西山"李寔造像"题记

　　这铺造像开凿于调露元年，即679年，时值高宗后期，武则天已临朝听政。这是目前广西已知造像中最早的纪年之一。功德主李寔，史书无载，但隋太师太保申明公却声名显赫。

　　题记中的隋太师太保申明公，是辅佐西魏、北周、隋三朝权臣李穆（510—586）的谥号，其兄弟李贤、李远都是当时赫赫有名的人物。这个家族是陇西成纪人，自称是汉代名将李陵的后代。李陵投降匈奴之后，在汉的家眷全被汉武帝所杀。在匈奴的子孙就在现在的内蒙古长城沿线生活下来，后随北魏政权一路南下至今甘肃、宁夏一带。

李穆在后周时期转战南北，屡立战功，深受皇帝的青睐，被授丹书铁券，免死十次。他的兄弟子侄，皆有封赏。其兄李贤的墓志记载，北周时李氏："一门之中，为柱国者二、大将军者三、开府者七、仪同者九、孤卿者六、方伯者十有五焉，至于常侍、侍中之任，武卫、武率之职，总管、监军之名，车骑、骠骑之号，冠盖交错，剑佩陆离，胡可称矣。"可谓名门显族。后来李穆因拥立杨坚称帝建立隋朝，被拜为太师，他的子孙哪怕还在襁褓中，也被封为大官。他家在朝堂上的官员有百人之多。这种尊贵地位在当时来说，是无可比拟的。他于开皇六年（586）去世，享年七十七岁，谥号"明"，所以造像题记中的"申明公"确指李穆。因李穆的长子李惇早逝，李惇长子李筠承袭申国公爵位。

李筠死后，李穆第十子李浑在妻兄宇文述的帮助下，袭封申国公。袭封后李浑骄纵忘形，与宇文述结怨。此时恰逢隋炀帝征辽东失败，国内反隋起义开始如星火燎原般蜂起。民间"桃李子，得天下""当有李氏应为天子"等谶言让隋炀帝如芒刺在背，炀帝对李姓大臣充满怀疑。宇文述构陷李浑及其堂侄李敏谋反，二人被炀帝毫不犹豫地处死，"宗族三十二人，自余无少长，皆徙岭外"。唐高祖登基后，下诏为其平反。

李寔即李穆之孙、李浑之子。李浑、李敏被隋炀帝诛杀大致在大业十一年（615），李寔被贬谪岭南，入唐以后，在属桂州的小州——昭州任司马。618年，唐高祖为李浑平反时，规定被流放的子孙，可以回到原籍。此时距他被流放岭南仅三年而已，不知是何原因，李寔并没有回到中原地区，而是留了下来。679年在桂林西山开凿造像时，极有可能已年逾六旬。

李寔造像长宽均两米有余，在广西所有的唐代造像中，属大型龛。如果光是考虑昭州司马的财力，或许很难想象李寔能开此大龛。但是如果把他的家族考虑进来，或许就能理解他造像的财力和粉本的来源。最能体现李氏家族实力的是20世纪的两次考古发掘。

1957年，在陕西西安玉祥门外，一项考古发现震惊了世人。一个小女孩的墓葬中出土了三百余件精美的随葬品，大部分为金银首饰、玻璃品等，其中不乏见证中西方交流的域外奇珍。墓主名叫李静训，608年因病去世，年仅九岁。她正是被隋炀帝以谋反罪杀掉的李敏的女儿，而李敏是李贤的孙子、隋文帝杨坚的外孙女婿、隋炀帝杨广的外甥女婿。李静训生在如此显赫的家世，所以才能在死后极尽哀荣。李寔与李敏同辈，属堂兄弟，是李静训的叔父辈。

1983年，在宁夏固原县南郊，李贤的墓被发掘。李贤的身份是李穆的长兄、李浑的伯父、李敏的爷爷，李寔为李贤的侄孙辈。这座由墓道、甬道、过洞、天井、墓室组成的墓葬虽然经过严重的盗扰，仍然出土了金、银、铜、铁、陶、玉等材质的随葬品三百余件。其中一件中亚风格的鎏金银瓶和一件玻璃碗是丝绸之路贸易的重要物证。墓室里的壁画对隋唐时期墓室壁画风格的形成产生了重要的影响。

李浑早期作为隋炀帝杨广的亲信，跟随他南征北战，讨平江南，立下了大功，也获得了重要的政治资源。在杨广的帮助下，还以非嫡子的身份承袭了申国公的爵位。家族实力不在李贤一系之下。若不是隋炀帝在内忧外患重压之下对李姓心生猜忌，李浑家族的命运不至如此。李浑的后人被流放岭南仅三年就被唐高祖平反，财力受到的冲击应该不至于非常严重，则李宽在桂林能造作大佛龛也不足为奇了。而这铺造像是依照中原地区流行的题材，应该也在情理之中。

西魏、北周及隋代权倾一时的李氏家族到唐代时已经渐渐默默无闻了，他们中的李浑一系被流放到桂林的子弟却留下了这么一铺造像。造像的题记提醒着每一个来此观瞻者，这个家族曾经显赫的历史和那段尘封的往事。

王玄策与桂林"菩提瑞像"

唐朝是我国封建社会中最强盛的王朝之一，政治家、军事家、诗人、书法家、画家、译经高僧……各种人才层出不穷，熠熠生辉。初唐时期，有一位杰出的外交使节王玄策，其事迹在今中国西藏、尼泊尔、印度依然为人所熟知，其人也与桂林摩崖造像渊源深厚。

唐太宗李世民在位期间，君明臣贤，造就"贞观之治"，国势日强，对外交往频繁，可经由海陆两途与域外相交通。与此同时，在喜马拉雅山脉南侧，印度次大陆长期分裂的五天竺地区被摩揭陀国王尸罗逸多统一，成为一个强大的国家，社会发展，经济繁荣，统治阶级崇信印度教之余，也大力发展佛教。贞观十五年（641），摩揭陀王派使节来华通好，开启了两国间的友好交流。两年以后，太宗派王玄策作为副使，辅佐正使李义表送摩揭陀使节回国，他们首次经吐蕃—泥婆罗道（即从首都长安出发，通过现在青海、西藏翻越喜马拉雅山脉，穿越尼泊尔到达印度的路线）出使泥婆罗、摩揭陀等国。之后两国之间多次派员互访，贞观年间成为古代中印外交史上两国关系最好的一段时期。

贞观二十二年（648），王玄策作为正使再次出使到达印度。此时摩揭陀国王尸罗逸多已去世，权臣阿罗那顺篡位，囚禁了刚来到摩揭陀国的王玄策、副使蒋师仁及其随从三十余人，抢走了诸国送给大唐皇帝的贡物。王玄策与蒋师仁设法逃出囚室后，来到吐蕃，向赞普松赞干布借兵一千二百人，接着再向泥婆罗借兵七千人。王玄策带领这些借来的兵马，杀回印度，以少胜多，大破摩揭陀军队，斩首三千级，溺死上万人，还生擒了罪魁祸首阿罗那顺，并将他带回长安，献俘阙下。天竺各国听闻之后，无不震惊、恐惧。唐太宗去世后葬昭陵，陵前安置了十四座石人像，世称"藩酋像"，以此表现四境之外的藩酋、君长，都臣服于"天可汗"的文治武功。其中一尊石像头部已无存，在脚下的基座上，就刻着"阿罗那顺"四字，像已残破，应该是对其本人写实的雕刻。

王玄策除了在外交、军事上取得重要的功绩外，也对佛教造像题材在中国的传播起到了重要作用。王玄策回国后，将其在天竺的经历写成《中天竺行记》，也叫《王玄策行传》，其中文字十卷，图画三卷，现都已亡佚，但是有相当部分的内容保存在僧人道世所著《法苑珠林》中。里面有一节记载了他在印度摩诃菩提寺摹写释迦牟尼像并将摹写的像带回国内的事迹。

王玄策带回的这尊临摹自菩提寺的释迦牟尼像，在长安、洛阳地区引发了巨大模仿热潮。玄奘法师在麟德元年（664）行将圆寂时，命人在嘉寿殿塑这尊菩提像，并与门徒等"欢喜辞别"。另外东都洛阳敬爱寺里的塑像也与王玄策有关。嘉寿殿在长安玉华宫，属皇家宫殿；敬爱寺显庆二年（657）为高宗、武后所立，天授二年（691）改为佛授记寺，其后又改为敬爱寺，也属皇家佛寺。由此可见，该像极受高宗、武则天的尊崇。于是上行下效，在全国范围内多有仿造。

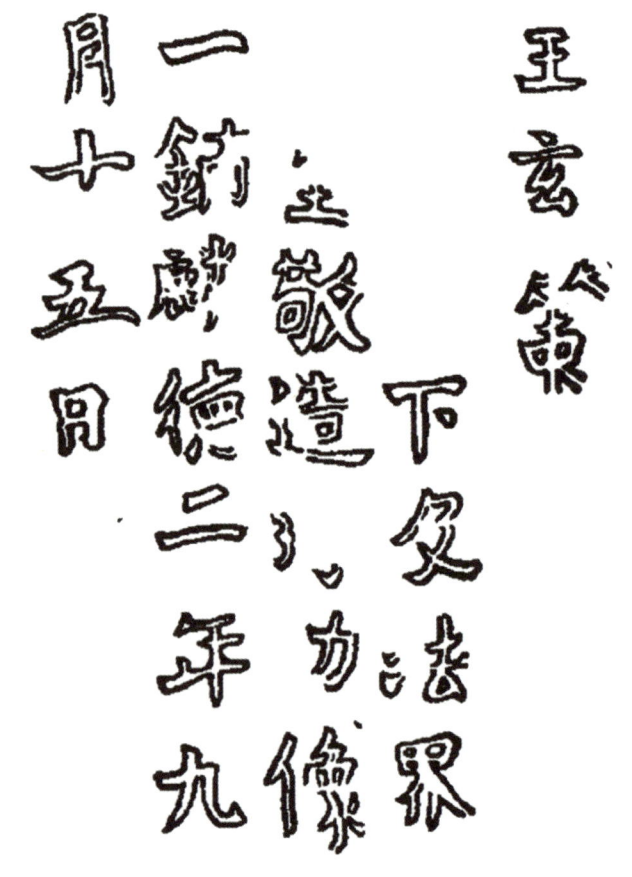

● 王玄策洛阳龙门造像题记
（转引自李玉昆：《龙门石窟新发现王玄策造像题记》）

麟德二年（665）的九月十五日，垂垂老矣的王玄策站在龙门石窟的一龛佛像下，注视着工匠们为他凿好的佛像，心里感慨万千，出使印度的点点滴滴又浮现在眼前。现在他出资雕凿的造像已遭毁坏，仅余一方石刻题记，题记里说造的是"弥勒像"。因像已无存，我们无法确知他造的是"弥勒规摹的释迦像"还是"弥勒像"。他一生四赴印度，两度造访摩诃菩提寺"菩提瑞像"，生擒阿罗那顺，打服印度，将其在印度的经历作为他人生的高光时刻毫不为过，他在龙门所刻是"弥勒规摹的释迦像"的可能性更大。

桂林西山也有两尊造像与这印度传来的释迦牟尼成道像有关联，分别编号为西山第65号、西山第86号。西山第65号即有名的"李寔造像"，开凿时间为调露元年（679），是我国现存造像中纪年最早的一铺模仿印度摩诃菩提寺释迦牟尼像的摩崖造像。因为唐玄奘、王玄策在游历印度时，都在摩诃菩提寺实地测量过释迦牟尼像的尺寸并记录下来，我们现在通过桂林两龛造像主尊释迦牟尼的身长肩宽、身长与两膝间的距离等比例关系，对比玄奘、王玄策的记载，可以发现两者比例几乎完全一样，由此可知桂林的造像与王玄策带回的摹本有着非常密切的关系。

这种密切关系与王玄策曾在桂州（桂林，唐代称为桂州）为官相关。他为副使出使印度前曾任融州黄水县令，据《旧唐书·地理志》记载："武德四年（621），平萧铣，置桂州总管府，管桂、象、静、融、贺、乐、荔、南昆、龙九州，并定州一总管。"融州属桂州总管府，领义熙、临牂、黄水、安修四县，黄水县在今广西融水县一带。而桂州的治所就在现在的桂林。西山第65号造像的功德主是李寔，为隋代高官李浑的后人，被贬谪到岭南。其家族未被贬谪的其他子孙后裔很多在唐朝为官，李寔获得京城最流行的造像款式并非困难之事。李寔与王玄策都有在桂州宦仕的经历，有同僚之谊，所以李寔也有可能从王玄策处直接得到摹本。

　　王玄策"一人灭一国"的事迹，是大唐盛世中一个浓墨重彩的注脚，而其出使印度带回的原汁原味笈多风格的释迦牟尼像摹本，则在中国开枝散叶流传开来。现在印度摩诃菩提寺旁公元7世纪时唐玄奘、王玄策所观察和测量的释迦牟尼像早已湮没于历史的长河中，而桂林保存尚好的印度风格造像，依旧静静地矗立在西山上，似乎见证着中印两国历史长河里的一个片段，也缅怀着唐朝的强盛以及王玄策无所畏惧的勇气。

"武则天袈裟"与桂林造像

莫休符所撰《桂林风土记》成书于唐末，是记载唐代桂州（治所在今广西桂林）风俗、物产、人物、典故的一部专著。对于研究桂林的地方历史，具有重要的史料价值。书中"延龄寺圣像"条记载了这样一则传说：

寺在府之西郭郊三里，甫近隐山，旧号西庆林寺。武宗废毁，宣宗再崇。峰峦牙张，云木交映，为一府胜游之所。寺有古像，征于碑碣，盖卢舍那佛之所报身也。……当则天后临朝之日，梦金人长一丈六尺乞袈裟。及召大臣问其事，皆莫能解。旋奏陛下既有此梦，乞依梦中造袈裟，悬于国门，以俟符验。明早，大臣悬袈裟忽收已失。遂诏天下求之，已在桂州卢舍那身。至今尊卑归敬，遐迩钦崇。时旱请雨，皆有响应如意。

武则天所制的袈裟无端来到桂州西山，这当然是无稽之谈。但是，文献上关于大唐皇帝赐袈裟给特定造像的记载却不少。例如《法苑珠林》中记载了王玄策第三次出使印度时的情形："唐显庆二年（657），敕使王玄策等往西国送佛袈裟……"王玄策第一次出使印度时曾在菩提伽耶的释迦成道处立碑，因此高宗与武后敕命送袈裟应该也是送与菩提伽耶的释迦成道像。

历史上给印度摩揭陀国菩提伽耶菩提瑞像供奉袈裟的行为早已有之。后秦弘始六年（404），僧人智猛从长安到天竺求法，一路西行，到了"降魔菩提之树，猛喜心内充，设供一日，兼以宝盖大衣覆降魔像"。唐代僧人义净游历印度时，"往大觉寺，礼真容像。山东道俗所赠绝绢，持作如来等量袈裟，亲奉披服"。地婆诃罗是中天竺婆罗门僧人，号称"三藏法师"，即经、律、论三者俱佳，深受高宗和武后赞赏和器重。"三藏辞乡之日，其母尚存。无忘鞠育之恩，恒思顾复之报，遂诣神都，抗表天阙，乞还旧国。初未之许，再三固请，有敕从之。京师诸德，造绯罗珠宝袈裟，附供菩提瑞像。"可见对印度摩揭陀国菩提瑞像供奉袈裟，是上至皇帝，下至普通道俗都较为推崇的积攒功德的形式。也说明菩提伽耶菩提瑞像是当时中国极为崇敬的礼拜对象。

这种上行下效的崇敬行为导致初唐时期大量出现施降魔印的释迦牟尼造像，无论是在东都洛阳的龙门石窟，还是在远在岭南的桂林西山。武则天对释迦牟尼降魔像的偏好给了桂林西山造像仿效的模板，或许这就是初唐时期武则天与桂林造像之间的联系。而百余年后，老百姓对于这个已经遥远的联系仍不断地进行渲染、加工、神异化，直到唐末莫休符将当时听到的传说记录下来。

桂林西山第40龛降魔印造像

《桂林风土记》成书时已距武则天时代近200年，从书中"武则天袈裟"的传说中，我们仍然可以看到佛教发展史中的一些史实：

（一）武则天时代盛行给印度摩揭陀国伽耶城的菩提瑞像敬献袈裟，这个传统可以追溯到公元5世纪初。由于伽耶城大觉寺相传为弥勒所造的释迦像在国人中的崇高地位，上至皇帝，下至普通"道俗"皆以敬献袈裟为功德。因此，西行求法高僧除自己奉献袈裟外，还受托代国内的信徒敬献；甚至皇帝也派遣使者，专程敬奉袈裟。献袈裟的行为在这尊造像摹本传入中国后，或持续影响广大信众。桂林西山、洛阳龙门、四川蒲江、广元等地雕造菩提瑞像，使信众可以近距离地施舍袈裟，为自己祈福、积攒功德。

（二）桂林唐代摩崖造像的源头，可能来自长安、洛阳地区。桂林存在大量唐代摩崖造像，一直以来，学界对于其渊源众说纷纭。罗香林先生认为桂林佛教造像来源于印度，经越南或广州传入桂林，为直接泛海传播而来。这些造像是中印文化交流一重要路径所遗痕迹。广西考古界泰斗蒋廷瑜先生认为桂林造像不同于云冈、龙门等北方石窟，有自己独特的风格，代表了中国南方佛教系统的一支，并以史料证明桂林的佛教最初泛海而来是有迹可循的。陕西学者王子云先生则认为，桂林摩崖造像与中原地区，特别是与龙门石窟有莫大的关系。实际上，讨论唐代造像来源的路径，意义已经没有佛教初传中国时那么重大，早期不同传播路径意味着不同的教义（大乘或小乘）和不同的佛像风格（犍陀罗或秣菟罗）。初唐，印度本土已基本是大乘佛教占据主要地位，且造像风格也相对统一，因此无论从西北陆路、海路还是翻越青藏高原，传来的佛像样式并没有区别。然而，王玄策往来印度的交通线已经得到证实，是通过西藏西南部翻过喜马拉雅山，入加德满都经泥婆罗进入印度的"吐蕃—泥婆罗道"，在西藏吉隆县发现的显庆三年（658）凿刻的《大唐天竺使出铭》证实了这条道路的存在。因此王子云先生的看法可能更接近于历史的真实。

（三）唐代桂州与两京存在着密切的联系。唐代两京地区"道俗竞摸（摹）"的佛教造像，在皇宫、皇家寺院流行以后，不久即传播到桂林，说明桂州与两京之间有着密切的政治、文化和商业的往来。唐代桂州一跃成为岭南西部的政治、经济、文化中心，也从侧面佐证了这种密切联系的结果。

桂林骝马山造像中的胡人造像

桂林市螺蛳山路中段，骝马山的北麓造像共有8龛25尊，瘗龛2座，石刻题记1方。其中东西各有1龛造像，与中间的6龛相距略远。这部分造像曾长期被泥土掩埋，因而保存情况较好。

编号为骝马山第3龛的是一铺大型龛，全龛略呈"山"字形。圆拱形龛楣。龛高1.98米、宽3.6米、进深0.6米。侧壁进深较浅，正壁平整。高浮雕一佛二弟子二菩萨二武士三供养人十尊像，是桂林除千佛题材以外，造像数量较多的一铺。

● 桂林市骝马山第3龛造像

这铺造像的主尊是倚坐的弥勒佛，高1.5米。高圆肉髻，不显发纹。脸方圆。发际线弧平。眼微闭，眼线细长。鼻根较宽。阴刻下颌线。双耳贴脑，耳垂及肩。长颈。宽平肩。领口露出的胸部较平坦。内着袒右僧祇支，胸带在腹前打结。右肩披覆肩衣，覆遮右臂。外着袒右大衣，右侧衣边自身后绕右腰、腹前上搭左肩，部分搭左肘。左手下垂抚左膝，掌心朝下。右臂屈肘上抬于胸侧，手掌为后补，似施无畏印。双腿平行垂下，腿部高凸，不显衣形。双脚各踏一个半圆形踏台。跣足。座为"亚"字形束腰须弥座。座基两侧圆雕一蹲狮，二狮呈回首对视状。

● 桂林市骝马山第3龛胡人像

这铺造像最引人注目的是弥勒佛两旁弟子、菩萨外侧的武士形象，与国内其他的造像所习见的天王、力士形象不同，采用的是武将的形貌。右侧武士高0.75米。身着窄袖长袍，领部窄，微立。腰间束带。宽肩细腰，不显衣纹。左臂屈，手掌于腹前扶腰带，右手下垂反握一长戟，长及龛底，顶部略与头顶齐。脚蹬尖头长靴。

如果说右侧的武士还与汉人面相近似的话，左侧的武士则是一目了然的胡人形象。此像高0.87米。戴三角形尖帽，帽缘近眼眶。深目高鼻，嘴部微张，络腮胡。身着交领窄袖大衣，衣领外翻，腰间系带。袍裾较短，仅及膝下。左手屈臂于腹前握一宝剑剑身，右手于胸前按剑柄。脚蹬尖头长靴。

唐朝是我国古代社会的鼎盛时期，在政治、经济、军事、技术、文化等方面都处于当时世界领先水平。这也是一个思想上空前开放、包容的时代。丝绸之路的驼铃声声，给我国带来了各种"舶来品"，既有葡萄、苜蓿、核桃、胡萝卜等水果蔬菜，也有玻璃器、金银器等具有异国情调的奢侈品，还有思想文化方面的交流碰撞。而我国的陶瓷器、丝绸、茶叶、造纸术等商品、技术也传到了域外，为西方文艺复兴及其后地理大发现起到了重要的推动作用。

在这样的情形下，各种"胡人"进入我国。通常说来，唐代所谓"胡人"的来源相当复杂。包括来华的外国人，如西亚的波斯胡，中亚的粟特胡。我国北方的一些游牧民族也被称为胡，如突厥、鲜卑、契丹、沙陀等。他们有的在朝为官为将，为唐代走向辉煌贡献了才智；有的雄踞一方，时服时叛，成为地方割据政权，侵蚀着唐王朝的根基；有的则从事贸易、传播宗教。唐代前期，社会上形成了穿胡服、吃胡食、奏胡音、好胡歌、跳胡舞的风气，朝廷信任并重用胡人。

唐代胡人入华有多方面原因。一方面与李唐王朝的血统有很大关系。李氏祖上是鲜卑人，李渊、李世民、李治等皇帝，都有胡人与汉人的基因。带着这种先天的血缘，自然雅爱胡风。

另一方面源自政策的变化。玄宗时期，原有的府兵制逐渐被摒弃，宰相李林甫提出多用胡兵胡将，在军队中起到更好的效果，他说："以陛下（玄宗）雄才，国家富强，而夷狄未灭者，由文吏为将，惮矢石，不身先。不如用蕃将，彼生而雄，养马上，长行阵，天性然也。若陛下感而用之，使必死，夷狄不足图也。"唐玄宗深以为然，遂重用安禄山等胡将，这也为之后盛世的垮塌种下了隐患。唐中期以后，胡将逐渐增多，并成为"藩镇割据"的主要势力，这种情形持续至唐王朝覆灭。

随着南北交通条件的改善，广西与中原地区的联系日趋紧密，这也是胡人较多出现在岭南西部的重要原因。一些胡人崇信佛教，如信徒安野郍在西山开凿瘗龛，米□给幽泉寺施田等。另外也有在此为官的胡人。粟特人米兰在桂林任经略府都押衙一职，于822—823年左右调任象州监军、州牧。有意思的是，唐代陆岩梦写过一首《桂州筵上赠胡予女》："自道风流不可攀，却堪蹙额更颓颜。眼睛深却湘江水，鼻孔高于华岳山。舞态固难居掌上，歌声应不绕梁间。孟阳死后欲千载，犹在佳人觅往还。"描绘在桂州餐厅"打工"的胡予女形貌之美以及独特才艺，由诗中江水般蓝色的眼睛及山岳般高耸的鼻梁，不难发现"胡予女"就是个胡人歌姬。

唐中后期岭西一直处于战乱频发、动荡不安的状况，既有土蛮为寇，南诏入侵，也有庞勋的戍卒哗变。长达十余年的动荡，使胡人兵将随军进入广西更为频繁。广西容县出土过一方粟特胡人的墓志，墓主安玄朗三代人自其祖父安靖开始，举家迁徙到广西地区，落地生根，建功立业，最后死葬于此。另外此时还有不少其他胡人如康传业、康承训、康谦、安有权、康升让等，也在广西留下过印记。

唐代壁画、绘画、造像、陶俑等图像中，三角帽、衣领外翻的窄袖长袍通常是胡人的较典型装扮。桂林骝马山中胡人造像大致雕凿于武周到玄宗时期，其形象虽与国内其他地区同时期的天王、力士有很大的区别，却也能反映出开放包容时代下，大批胡人曾在广西为官、为将、贸易，甚至在酒肆里营生的历史。

唐代宦官在桂林开凿的观音像

桂林漓江西岸的伏波山下，东面临江处有一天然岩洞，名还珠洞，洞内上层崖壁雕满造像，因为造像数量极多，且有两龛千佛的题材，故名"千佛岩"。千佛岩里造像虽多，但是有题记的极少，只有两龛，面江，题材均为观音像。而其中具备开凿时间和资助开凿信徒名字等关键信息的只有伏波山第14龛。

伏波山第14龛为纵长方形单层龛。尖拱形龛楣。龛高2.4米、宽1.14米、进深0.17米。观音像高1.85米。头部、身上的璎珞等装饰品显得较为繁复。观音像头部右侧有一题记框，高0.35米、宽0.18米。真书。内容为："桂管监军使赐绯鱼袋宋伯康。大中六年九月廿六日隽。"大中六年为公元852年，时值唐宣宗李忱在位。他一改前任唐武宗李炎打击佛教的立场，重新点燃了全国崇信佛教的热忱。千佛洞里包括这两尊观音像在内的许多造像，就是在这样的背景下开凿的。

功德主名宋伯康，职务是桂管监军使，勋衔为赐绯鱼袋。史籍中不见关于宋伯康的记载，但是，1982年西安长安县郭杜镇出土了《唐朝请大夫行内侍省掖庭局宫教博士员外置同正员上柱国赐绯鱼袋宋伯康墓志》，其名字、绯鱼袋之勋衔与桂林题记一致。其墓志文内容如下：

　　大夫其先则殷汤之裔孙也。周武封微子于宋，以国为氏焉。后徙家于广平郡。曾大父讳逸，高尚避世，适志云岩。皇大父讳崇望，内侍省给事、赠常侍。皇父讳守义，赠骠骑大将军。艺苞文武，定难除凶。盖代之功，标于国史；孝理仁让，著于牒谱。大夫讳伯康，字安者，则□骠骑之长子也。性禀天资，形质嘉彦。德敏恭俭，孝悌信让。忠贞奉国，竭节于公。慕道精修，阴骘冲素。门传密仅，君恩屡沾。监莅抚戎，恩覃将卒。昭宣帝命，则战

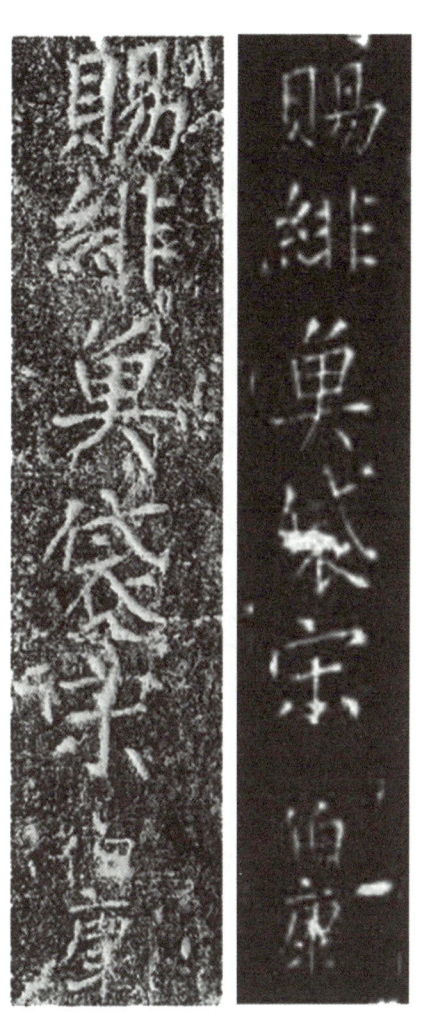

● 宋伯康造像题记落款（左），宋伯康墓志题名（右）

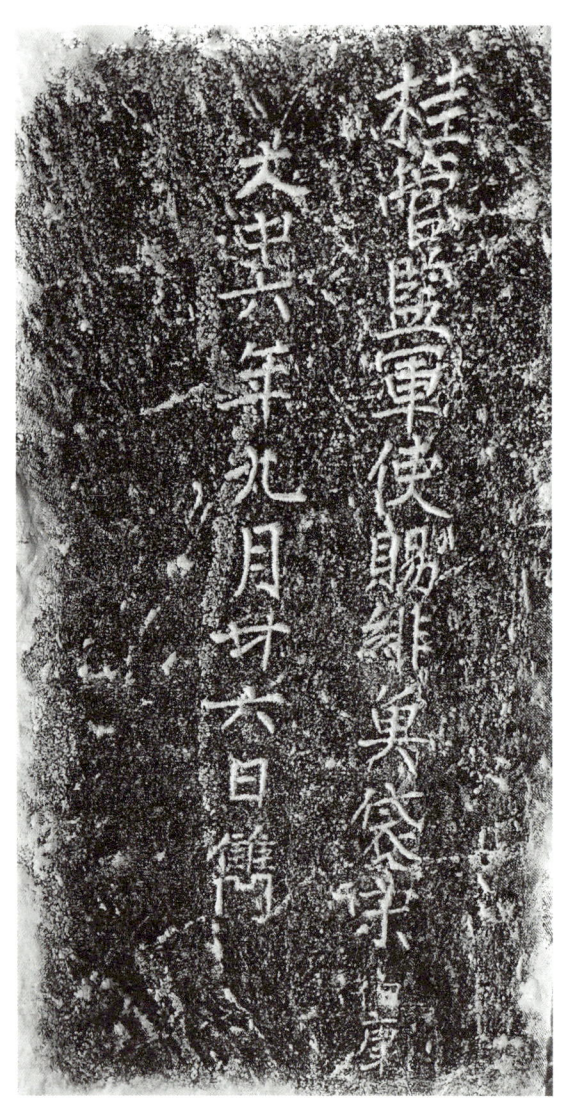

● 桂林伏波山第14龛题记拓片

● 唐代宋伯康墓志（转引自高峡编：《西安碑林全集》）

士轻生。申五令之恩波，感役英杰。享年六十，名德无双。大运遽锺，药石亡劾。疾殛之日乃诫其后昆曰：予毕命之后，俭葬素蒸，布衣瓦棺，是予素志。存亡粗济，无费浮华，斯可谓志道始终，敩古前喆。呜呼！大中太岁庚辰孟夏十有四日，薨于修德里私第。……

该墓志记载宋伯康为广平郡人，志上未曾提及宋伯康曾任桂管监军使，而有其他诸多的头衔：朝请大夫、行内侍省掖庭局宫教博士、员外置同正员、上柱国等。这些头衔则不见于桂州宋伯康的题记。仔细分析墓志的内容后，可知二者极有可能为同一人。

首先，二者年代吻合。墓志记载宋伯康卒于"大中庚辰孟夏十有四日"，即公元860年四月十四日，年六十岁，正值本命年，是以志中说他犯"太岁"，则其出生年份为贞元十七年（801）。桂林造像纪年大中六年，如果二者是同一人，是年他52岁。这个年纪作为桂管监军使，并无矛盾之处。

其次，二者身份契合。墓志中宋伯康虽然没有"监军使"的头衔，也未记录曾经在桂州为官，但是有"君恩屡沾、监莅抚戎"之语，契合其监军使的身份。说明他有到帝国边疆之地进行监督、安抚的经历，起到了"恩覃将卒，昭宣帝命"的作用。

再次，二者均是佛教徒。在桂林开龛造像者自然是虔诚的佛教徒，而墓志中提到宋伯康"慕道精修"，死后要"志道始终"，所以要求"俭葬素蒸，布衣瓦棺"，丧葬从简。这与很多中古时期佛教信徒死后的薄葬要求相一致。

又次，题记和墓志的文字无论从字体还是从间架结构上看都非常接近，细微的差距可以认为是桂州、长安两地不同的刻工所致。两方石刻的书写者应该与宋伯康关系极为密切的同一人，从墓志上，我们发现这位撰写者是"朝议郎试荐事府司直上柱国徐环"。

最后，也是最重要的一点，二者均是宦官。桂林题记虽然除了"监军使"外没有其他任何的身份信息，但是中晚唐出任地方节镇监军使的人选，皆由内侍省宦官担任，这是中唐时期监军制度与玄宗之前为战时临时设置的最大差异。玄宗时期就开始重用宦官，"隋末或以御史监军事，大唐亦然。时有其职，非常官也。开元二十年后，以中官为之，谓之监军使"。安史之乱以后，地方节镇脱离中央管辖的离心力不断增强，派遣常驻的监军使成为常制。德宗贞元十二年（796），"立左右神策护军中尉二员，中护军二员（二中尉皆分领左右衔功德使）。时天下军镇节度诸使，皆以内臣一人监之，谓之监军使"。而墓志中的宋伯康，宦官身份更为明显，内侍省掖庭局宫教博士只能是阉人。

在较短的时间范围、人数较少的特殊群体内，同名同姓，因此，基本可以确定墓志与题记中的宋伯康当为同一人。

唐代官员的章服是根据个人的品级来决定的。三品以上服紫，四品、五品服绯，六品、七品服绿，八品、九品服青。宋伯康掖庭局宫教博士官衔为从九品下，朝请大夫为文散官，品级从五品上，上柱国却是正二品，如果按照上柱国的勋衔，章服应该是赐紫金鱼袋，而不是绯鱼袋。唐置上柱国至武骑尉共十二阶，自正二品至从七品，皆无职掌，称为勋官，可以通过战功获得"转数"，从低到高提升勋衔。宋伯康有上柱国的勋官衔，这已是十二转勋官中的最高等级，这并不是表明他立过很多战功，而应是与唐后期对太监滥授勋衔有关。故其赐绯鱼袋应该来自于他五品的朝请大夫。

有唐一代，宦官监军使作为皇帝的代表，行"监视刑赏，奏察违谬"之职责。维护的是皇权意志，职位并不受地方节镇的任命和辖制，因此地位与地方行政、军事首脑可以并驾齐驱。桂林伏波山的这尊有着近1200年历史的观音像，出资开凿者来自都城长安。这位受到皇帝信任的宦官被派遣到遥远的岭南，监察岭南的军政情况。作为佛教信徒，他带来了长安的观音式样，将观音像雕凿在风光秀丽的漓江之畔。江风吹过，似乎悠悠地述说着唐中后期宦官地位不断膨胀，甚至时常废立皇帝，屠杀官员，深刻影响政局的历史。

桂林的石雕佛塔

塔最初是佛教的产物,产生于古印度,梵文称为"STUPA",音译为"窣堵坡",是埋藏佛舍利或僧人骨殖的建筑。印度佛塔的原型为基座之上建覆钵式塔身,其上立相轮、宝顶等组成的多层塔刹。随着佛教传入中国,这种佛教建筑形式也在中国风靡起来,其建筑形式很快与中国传统建筑结合起来,如楼阁、亭阁等。佛塔成为佛教中最早开始中国化改造的事物。

据《摩诃僧祇律》介绍,佛教初传时期佛塔有两重主要的功能:一个功能是用于收葬佛陀或僧人、信众的骨灰,这类塔称为"塔婆";另一个功能是雕凿佛像及佛传、本生、因缘等宣教故事,供信徒禅修时冥想或绕塔礼拜,这类塔称为"支提"。

在广西桂林的群山间,也有四座摩崖高浮雕佛塔,既有亭阁式塔,也有楼阁式塔,时代在唐宋时期,是研究我国佛教建筑发展变迁的重要实物。

塔1,位于桂林西山龙头峰上,为高浮雕覆钵亭阁式塔,可分为塔基、塔身、塔檐、塔顶、塔刹五部分。塔基叠涩四层台阶,逐级收分。中部开凿一尖拱形龛。龛内浮雕两尊结跏趺坐像,像

● 桂林市浮雕石塔1（西山龙头峰）

● 桂林市浮雕石塔2（西山龙头峰）

现已被破坏。龛底凿一上大下小的套形穴。其下套一个横长方形小穴，形成上大下小相套的子母口，上方用于放置盖板，下方用于存放舍利或骨灰。塔檐三层，叠涩由下往上逐级变宽。檐顶两侧各凿有一圆孔，应是安装山花蕉叶的地方。檐上有覆钵顶，上接塔刹，刻三重相轮。

塔2，与塔1相距约二十米，为高浮雕六层阁楼形塔龛（最下一层为瘗穴，起到地宫瘗藏的功能，故全塔地面以上为五层），塔基两层。塔基之上的第一层正中开凿瘗龛，此层往上，每层的塔檐逐层缩小，每层塔檐叠涩三级，中间一级最宽。瘗龛以上，每层正面开圆拱形小龛。

塔3，位于桂林市西北的芦笛岩对面湖畔边，塔开凿于龛内正中，通体由塔基、塔身、塔刹三部分组成。塔基略呈梯形，表面浮雕两层莲瓣。塔身为纵长方形，内开方形浅龛。浅浮雕一尊坐像。头戴平顶方冠。脸部略尖，五官漫漶不清。大耳及肩。颈短。圆溜肩。似着圆领袍服。座可分为三部分：座基、束腰和座台。塔刹共四层伞盖，从下至上逐级缩小。中间间隔三层塔柱，逐级收分。塔顶为桃形摩尼宝珠。塔身左侧有一方题记，尺寸与塔身相当。左缘紧贴龛壁。共五列，满列约十余字。字迹已模糊难辨，但起首可以较清晰辨认出为"大宋"二字。

塔4在塔3右侧，与塔3的形制、尺寸基本相当。无题记。

其中，塔1、塔2均有埋藏骨灰的小龛，属于"塔婆"，周围有大量摩崖造像和其他类型的瘗龛，显示出摩崖石塔与这些造像的密切关系。个别瘗龛有"上元三年"（676）、"景龙三年"（709）

● 桂林市浮雕石塔3（芦笛岩）

桂林的石雕佛塔

● 桂林市浮雕石塔4（芦笛岩）

等纪年，而造像也有"调露元年"（679）纪年。因此，两座塔的年代是初唐时期。塔3、塔4刻凿于芦笛岩下月牙池畔的崖壁上。与西山石塔不同的是，芦笛岩石塔并没有开凿放置骨灰的空间，二者在功能上应有所不同。塔3上有一方题记，可惜经过近千年的雨打风吹，已漫漶难辨。所幸起首"大宋"二字尚可辨认，可知塔3与塔4是宋代所凿。

这些摩崖石塔是桂林现存时代最早的塔的实物，但在文献记载中，桂林最早的塔建于隋代。仁寿元年（601）开始，隋文帝欲仿照印度阿育王建八万四千座塔以奉佛舍利的做法，分三次在全国一百一十余州建舍利塔。派遣到桂州操办瘗埋舍利的高僧是道颜。在奉舍利入塔时，出现了一些祥瑞，"桂州于缘化寺起塔。舍利未至城十余里，有鸟数千，夹舆行飞，入城乃散。舍利将入塔，五色云来覆之"。桂州缘化寺就是仁寿元年全国第一批建舍利塔的三十个寺院之一，位于今民主路，现在称为万寿寺。隋代的寺院和佛塔很快因纱灯起火而焚毁。唐代又进行过数次重修，遂有善兴寺、缘化寺等不同时代的多个寺名。明代时，该寺又重修了舍利塔，屹立至今。该塔采用的是四门过街式喇嘛塔的形制，与北京明代的喇嘛塔基本一样。隋唐时期该处寺院有多次官方瘗埋舍利的记载，这也从功能上反证了西山摩崖石塔的开凿年代。而对于隋唐寺院里舍利塔的形制，我们也可以从西山摩崖石塔的造型加以推测和想象。

自宋代以后，随着佛教中国化改造的基本完成，塔的功能进一步扩大，如风水塔、文笔塔等功能与佛教已经没有关联，但在外观上，依然延续着佛塔的种种形制。桂林这座城市，似乎在这四座唐宋时期佛塔的影响下，偏好这种建筑形式，现在依然保存有漓江两岸的元代木龙石塔、象山及塔山之巅的明代砖塔、桃花江畔明代河伯塔等多处遗存，点缀于桂林秀美的山水间，成为启迪文人墨客诗性文采的重要景致。桂林市也成为目前国内留存有古塔最多的城市之一。时至今日，桂林在城市建设中继续在主要的旅游景点兴建新塔，如杉湖里的日月双塔、木龙湖里的十一层塔等。桂林城千年的文脉，仿佛通过这些不同时代、不同形制的塔，不断地传递、赓续。

桂林唐代摩崖造像与佛寺

佛寺也称伽蓝，其功能十分广泛，供奉佛、菩萨，居住僧人，保藏佛典，瘗埋去世的高僧，教化信徒等等，具有强烈的宗教属性，是佛教自印度传入我国之后最为重要的弘法场所。东汉明帝夜梦金人，派人西行求法，巧遇西域僧人摄摩腾等"白马驮经"而来，遂在首都洛阳建立白马寺。其后，汉魏而至南北分峙，信众渐增，佛寺犹如雨后春笋般在全国范围内逐渐建立起来，"南朝四百八十寺，多少楼台烟雨中"便是写照。隋唐大一统时期，佛寺的格局由之前的以佛塔为中心转变为以佛殿为中心，塔在寺院中的地位下降，而塑有佛、菩萨等像的佛殿在寺院中的地位益发重要。根据全国隋唐时期各石窟寺造像与佛寺的分布情况，在有条件雕凿摩崖造像的地区，往往在造像附近都有佛寺。唐代时期龙门地区佛教兴盛，石窟周围佛寺林立，著名者有十座。

广西隋唐以前的佛寺已难觅踪迹，唯《平乐县志》中记载平乐县晋时有龙兴寺，是较早的一例。桂林唐代摩崖造像最多，而文献里也对寺院多有记载。在广西地区唐代新建佛寺有45座，属桂管各州的就有32座，占总数的71%，而在桂州城内（今市区）

有寺名者达11座之多，可为考据岭南地区唐代寺院与摩崖造像间的规律提供极好的材料。

一、西山群峰造像与西庆林寺

西山诸峰，位于桂林市西面，距市中心约1.5千米。这里"峰峦牙张，云木交映"，自唐代以来一直是"一府胜游之所"。群峰之间有唐人开凿的摩崖造像113龛，造像合计270尊。造像分布于西山群峰中的千山、立鱼峰、观音峰、龙头峰、隐山等地。

群峰环绕中有一片较为开阔的平地，唐时建有寺院。在《桂林风土记》中记载，唐初时寺名西庆林寺，该名的由来是因为在漓江以东的七星岩区域，太宗朝建有一座道观名"庆林观"，为

● 群峰环抱中的唐代西山寺院遗址所在地

作区别故名"西庆林寺"。该寺在唐武宗灭佛时废毁,宣宗重建时,寺名已改为延龄寺。根据桂林各个历史时期遗留下来的摩崖石刻和墨书的记载,除了这两个名称外,还有净惠寺、西峰寺、资庆寺等寺名,应该是该区域不同时期所建寺院的不同称谓。西山群峰的造像最早在初唐时期,应与西庆林寺有密切的关系。

二、象山造像与圣寿寺

在桂林桃花江注入漓江前200米左右的南岸,矗立着一座明代的舍利塔。文献记载,这里曾是隋代桂州的缘化寺,仁寿元年(601)隋文帝敕建,是全国第一批建舍利塔的三十个寺院之一。但是缘化寺很快就毁了,"因纱灯延火烧毁重建"。这里曾出土过唐代瘗埋的舍利函,《善兴寺舍利函记》记载了显庆二年至显庆四年(657—659)建七层舍利塔和安奉舍利的情况。

维大唐显庆二年,岁次丁巳十一月乙酉朔十三日丁酉,于桂州城南善兴寺开发建立此妙塔七级,耸高十丈。至显庆四年岁次乙未四月丁未朔八日甲寅,瘗佛舍利二十粒。东去大江三十余步,舍利镇寺,普共法界一切含识永充供养。故立铭记。

这个寺院唐代重建后称善兴寺。玄宗之后称开元寺,天宝七载(748)鉴真和尚第五次东渡失败,曾在此驻锡一年,说法授戒。自宋以后还曾改为永宁寺、宁寿禅寺等名。

舍利函提及寺院与漓江的距离,实际上象山就在其东面的江边。象山有唐代的造像两铺，据《桂故》载象山有一方石刻，内容是"唐垂拱三年为合浦令吕兴记漓山阳所镌佛像，书亦智深手"。这方题记现已无存。两铺造像较大的一铺长宽均超过两米。内雕凿善跏趺坐的弥勒与胁侍菩萨三尊像，应该就是僧人智深为合浦县令吕兴所造佛像。

象山旁宋代建有云峰寺，唐代此地应无佛寺。故这两龛造像与善兴寺有一定关联。

三、国家森林公园造像与龙泉寺、幽泉寺

桂林国家森林公园位于市南郊，造像分布地点有两处，一处为金山龙泉寺遗址周围，共有4铺，其中3铺离龙泉寺较近。另一处在岭脚底村，1铺，像前为唐代幽泉寺遗址。两处地点相距约1000米。

龙泉寺遗址现仅余大殿基础，地面残存《鼎新敕赐龙泉崴龙泉寺碑记》，已裂为数块，内容讲述唐玄宗时期寺僧白鹿禅师的故事：

> 窃惟当山启教信天普应禅师，时唐明帝广修无边普育之供，是惠赴越京城，掠剽用，俯彰天意，以安兆民，有康宁之妥，赍白鹿而归名山之境，觊以立禅堂。通瞻泉佛殿，历代祀仰，春秋上祝皇图永固、帝道遐昌、佛日增辉、法轮常转。

寺院应建于盛唐之前，与造像的年代相近。

● 桂林市国家森林公园造像与寺院位置图

岭脚底村的造像为优填王像，一佛二菩萨二飞天。龛外下层有一石板，宽1.48米、高0.54米，上刻一方题记："大唐咸亨三年岁次壬申谨/录司同施此田入幽泉寺永为/常住供养人……"题记中提到"幽泉寺"，刻石目的是记录为幽泉寺施田供养僧俗的名字及官衔。造像正前方为幽泉寺遗址，根据中古时期造像的特点，该像与幽泉寺当有较为密切的关系。

四、叠彩山风洞与圣寿寺

据石刻《叠彩山记》记载，唐代后期风洞里曾有"石像"。现多见宋代的年款，部分是在唐武宗时期被破坏的佛龛中重新整理雕凿的。洞前唐代曾建圣寿寺，为初唐时期安南都护欧阳普赞舍宅为寺。会昌二年—五年（842—845），元晦为桂州刺史，对叠彩山多有建设，其时"写真院、石室莲台"也与风洞造像密切相关。

　　在以上几例寺院与摩崖造像密切联系的例子中，是先有寺院还是先有造像已难确定。另外，桂林市区内唐代还有几座寺院，如七星公园内唐代栖霞寺旧址、南溪山白龙寺等，周围虽有石山，却没有造像。

桂林造像题记与《金刚经》译本

　　《金刚经》又名《金刚般若经》，是大乘佛教的经典。后秦姚兴弘始四年（402），该经被名僧鸠摩罗什翻译成中文，于是开始在我国流布开来。特别是到了唐代，佛教的兴盛促使译经活动盛行，大家熟悉的玄奘、义净等高僧都不辞劳苦到印度带回了大量佛经。这些佛经翻译出来以后，部分经典受到百姓的追捧。敦煌藏经洞出土的唐代佛教典籍中，《金刚经》《大般若波罗蜜多心经》《妙法莲花经》《维摩诘所说经》等手抄佛经数量最多，可见这几部经的流行程度。

　　佛教信众认为抄写《金刚经》可以祈福禳灾、获取福报。这种利益包括救护、延寿、灭罪、神力、功德、诚应等。736年，唐玄宗颁布《御注金刚般若经》，与《孝经》《道德经》一起颁行天下，以平衡儒、释、道三家的关系。因此信众上至皇帝、朝堂大员，下至僧尼、贩夫走卒，流布地域非常广泛，持诵者身份亦十分多样。

　　在这样的社会信仰氛围下，流行的佛经也在广西产生影响，在唐代摩崖造像中有所反映。桂林伏波山第13龛的观音造像右侧有一方题记："壹切尘中，能成于忍。以是义故，我常归依。雕琢岩石,胜前菩萨。毫光照水,永福桂人。"造像的纪年、整体风格与第14龛"宋伯康造像"基本一致,但是没有功德主的题名。造像之人没有关于自身愿望的诉求,而是希望"永福桂人",即为整个桂州的老百姓祈福,推测他或是桂州最高行政、军事官员一类的身份,地位

● 桂林市伏波山第13龛题记拓片

与宋伯康相当。题记内容中"能成于忍""胜前菩萨"等语句,考诸佛经,应是根据《金刚经》的部分内容略作改写。

在鸠摩罗什最早翻译《金刚经般若波罗蜜经》之后,又经历了五次翻译:北魏的菩提支流译为《金刚般若波罗蜜经》,南朝陈真谛译为《金刚般若波罗蜜经》,隋达摩笈多译为《金刚能断般若波罗蜜多经》,唐玄奘译《大般若波罗蜜多经》,义净译《佛说能断金刚般若波罗蜜多经》。为了解该题记采用的是何译本,试将相关部分的内容摘出,对比如下:

《金刚经》各译本与摩崖石刻内容比较表

版本	译经时间	题记及经文	出处
题记	847—856	壹切尘中，能成于忍，以是义故，我常归依，雕琢岩石，胜前菩萨，毫光照水，永福桂人。	桂林伏波山第13龛题记。
鸠摩罗什	402	若复有人知一切法无我，得成于忍，此菩萨胜前菩萨所得功德。须菩提！以诸菩萨不受福德故。	《大正藏》册8，第752页。
菩提支流	509	若有菩萨知一切法无我得无生法忍，此功德胜所得福德。须菩提，以诸菩萨不取福德故。	《大正藏》册8，第756页。
真谛	562	若有菩萨于一切法无我无生，得无生忍。以是因缘所得福德最多于彼。须菩提，行大乘人不应执取福德之聚。	《大正藏》册8，第766页。
达摩笈多	590	若有菩萨于一切法无我无生无得生忍。以是因缘所得福德，最多于彼。须菩提，行大乘人不应执取福德之聚。	《大正藏》册8六，第761页。

续表

版本	译经时间	题记及经文	出处
玄奘	648	若有菩萨于诸无我无生法中获得堪忍。由是因缘所生福聚甚多于彼。复次善现，菩萨不应摄受福聚。	《大正藏》册7，第985页。
义净	703	若复有人，于无我理不生法中得忍解者，所生福聚极多于彼无量无数。妙生，菩萨不应取其福聚。	《大正藏》册8，第775页。

比较后可知，该题记应该来自于鸠摩罗什所译的《金刚经》。这与唐代流行《金刚经》以鸠摩罗什本最为普及的情况吻合。现今敦煌文献中的《金刚经》总数在两千号以上（包括流失域外的），同样以鸠摩罗什译本占绝大部分，另有少量菩提支流、真谛和玄奘的译本。

《金刚经》与禅宗联系密切，始于五祖弘忍。达摩"一苇渡江"来华传教被定为禅宗初祖。达摩传法讲授的《楞伽经》是修禅的重要经典。唐代《金刚经》的流行促使五祖弘忍转授《金刚经》，这一转变，又促成了大字不识的六祖慧能成为"顿宗"的创始人，其学说重点在于顿悟见性，一念悟时，众生是佛，从自心中顿见真如本性。

《坛经》是佛教完成中国化的一个标志，因为这本经书不同于其他佛经之处在于《坛经》为中国人所撰写，是记录六祖慧能的语录。《坛经》里记载，慧能是受《金刚经》的影响而开悟。当时他只是一个砍柴卖柴的樵夫，听到客户在念《金刚经》时顿有所悟，急问别人所念何经。这次开悟改变了禅宗的历史。在慧能的禅宗思想中，部分教义如"无相为体、无住为本"等都源自《金刚经》"应生无所住心"的思想。

岭南是禅宗于唐代崛起的大本营。慧能生于广东南海，他得到五祖弘忍的衣钵之后，奉师命在岭南藏匿。（传说，慧能曾在桂林所辖的永福县双瑞岩禅修。）慧能随后在广州南华寺传教说法长达37年之久。他在岭南传教多年，教风所披，桂州自然大受熏染，特别是在中晚唐时期。桂林优美的山水风光和浓厚的佛教氛围吸引了较多的僧人游锡于此。早期以出海赴印度取经求法僧人为主，其中智弘、道宏等就是禅宗僧人。桂林七星岩洞口曾有一方题记（现已无存），金石文献上多有记载，刻文内容为："几道、直之、明觉、道行、普愿，元和元年三月初四日晨曦偕游桂州北郊幽岩奇洞。午饭栖霞，盘桓终日。"据考证，明觉、道行、普愿三位僧人为马祖道一的门下。道一是慧能的再传弟子，开洪州宗门，是光大禅宗的重要僧人。

桂林摩崖造像题记中刻下寥寥数语，蕴含的历史极为深远。首先，鸠摩罗什译出《金刚经》后，虽然又出现了多个译本，但是鸠摩罗什的译本在唐代的桂州更受青睐。其次，对于禅宗在岭南的传播，桂州应该起到较为重要的作用，游历、驻锡于此的禅僧较多。

"武宗灭佛"对桂林造像的破坏

在我国佛教发展史上，有一些历史时期，由于佛教的无序发展对社会经济发展和政权稳定造成了威胁，统治者便会对佛教采取许多抑制的措施予以应对，甚至有几位皇帝采取过激的手段试图铲除佛教。发起"灭佛运动"的皇帝被合称为"三武一宗"。他们分别是北魏太武帝拓跋焘，北周武帝宇文邕，唐武宗李炎和后周世宗柴荣。北魏、北周及后周等政权均在我国北方地区，岭南并不在其管辖范围之内，所以只有唐武宗在会昌年间（841—846）的"灭佛"措施对广西佛教发展及摩崖造像产生了影响。

唐武宗崇信道教，对佛教僧尼众多、耗费天下资财的现状非常厌恶，欲去之而后快。会昌五年（845）秋，他在亲信道士赵归真等人的反复怂恿下，决定拆毁全国大大小小的佛寺，只在长安、洛阳各留两座寺院，每寺仅留僧人三十名。天下节度、观察使治所及同、华、商、汝州各留一寺，其余尽数毁撤，财货田产由官府收缴，寺院建筑材料用于修葺公廨驿舍，铜像、钟磬用来铸造铜钱。此次"灭佛运动"共毁寺院四千六百余所，还俗僧尼二十六万五百人，毁招提、兰若四万余所。收良田数千万顷，奴婢十五万人。

与全国其他地方一样，桂州的佛教也于此时受到了重创。在西山、伏波山都能见很多的摩崖造像没有最终完成，其中大部分应该是遇到该事件而终止了。寺院受到的打击更为严重。西山西庆林寺就毁于此次运动，成书于公元899年的《桂林风土记》中记载："延龄寺圣像在西山前，近隐山，旧号西庆林寺，武宗废毁，宣宗再崇。"

会昌六年（846）三月，武宗驾崩。五月，继任的宣宗即在长安添置八所寺院，诛杀道士刘玄靖等十二人，理由是他们蛊惑武宗，诋毁佛教。宣宗还下诏令："应会昌五年所废寺，有僧能营葺者，听自居之，有司毋得禁止。"灭佛运动对佛教造成的损害很快得到恢复。寺院、僧人数量又开始增加，开凿佛像的活动重新兴盛起来。桂林西山武宗灭佛时废毁的西庆林寺，得以重修，更名为延龄寺，寺内塑了卢舍那像。而伏波山千佛洞也在大中年间又开始造像，两尊真人大小的单尊观音像有明确纪年，就是此时开凿的。

会昌年间的"灭佛运动"对桂林寺院的影响见于史籍的记录，我们从中可以"窥其一斑"，运动也造成了许多摩崖造像的停工，如西山、伏波山等地依然可见相当数量的"烂尾"半成品。而现在我们所看到的桂林各处唐代摩崖造像，有许多佛、菩萨的头部遭到破坏，这是否也是"灭佛运动"的结果呢？

武宗所下"灭佛"的诏令对于各种材质的造像的处理，都有详细规定，"铁像委本州铸为农器，金、银、鍮石等像销付度支。

衣冠士庶之家有金、银、铜、铁之像，敕出后限一月纳官，……其土、木、石等像合留寺内依旧"。诏令中并没有要求销毁石质的造像，但在实施过程中难免也会波及摩崖造像，这在全国很多开凿了造像的地区都可以看到相似的例子。

然而纵观桂林摩崖造像，各处造像的受损情况存在较大差异。国家森林公园、骝马山、芙蓉山、虞山保存基本完好。西山、森林公园、伏波山的唐代造像中，中大型龛保存情况相当完好，如"李寔造像"直至解放后仍完好如初。而小微型龛，损毁情况较严重，由于体量较小，破坏较易，顽童亦可为之，难以确定是否是有组织的破坏所致。叠彩山风洞内的造像，从题记的纪年看大都是宋代的年号。元晦为桂管观察使时（842—845）在风洞口上方题写一方石刻——《叠彩山记》，其中有"岩有石门，中有石像，故曰福庭"的描述，说明武宗时期这里仍然可以见到佛教造像。叠彩山造像最大的特点是，开龛的进深较深而造像的厚度很小，这是选用唐代武宗灭佛时所破坏的旧龛进行再创作的结果。原龛进深较大，将被破坏的有造像部分平整后重新在正壁上雕凿，为了保证足够的立体感，于造像身后向龛壁巧妙地采用减地的手法，在造像周围开凿一圈，效果如头光、身光般，外侧浅而内侧深，使造像看起来厚度增大。所以这些造像完全不似唐代的近乎圆雕的高浮雕，而显得厚度较小、立体感不强。

以叠彩山第20龛为例。龛的进深为0.38米，佛座厚度仅0.14米，可以观察到座基之下有一层高出龛底0.01—0.03米的平台，略宽于现在的座基，但厚度远大于现在的台座。这部分应该就是

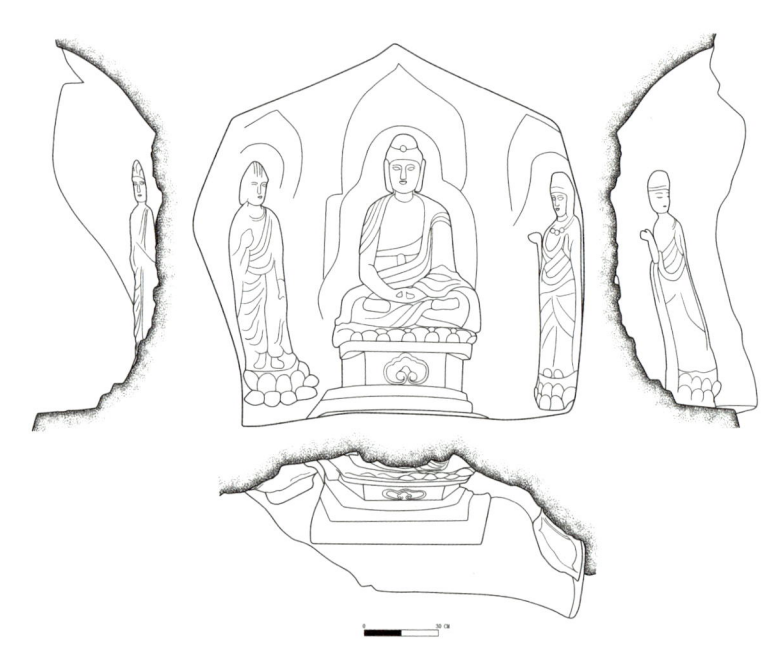

● 桂林市叠彩山第20龛造像线图

原先造像的佛座残留的痕迹，是原像被破坏后，将原有造像残迹清理后再在龛中重新开凿，佛座部分没有完全清理到与龛底平齐所致。正壁上方有线刻舟形或桃形头光，其下被佛像脑后减地的做法打破，这也能说明线刻的残痕为第一次造像时所刻，而新刻的造像以减地的手法来表现头光、身光，打破了原有的头光。

这个现象可能与这一时期朝廷的"牛李党争"有关。"牛李党争"是唐代政治史上的一件大事，从元和年间持续到大中年间，长达四十余年，影响非常广泛。二党争权夺利、相互倾轧成为这一时期最为瞩目的政治事件。而二党的部分核心成员也在桂州发生了很多碰撞，桂州成为长安之外双方角逐的另一个舞台。会昌"灭佛运动"时，元晦任桂管观察使，他是唐代著名政治家、文学家元稹的侄子。元稹与李党主脑李德裕交情极好。元晦进士及第后，元稹已去世，李德裕作为宰相，对元晦多有提拔和关照，显然元晦是李党的重要人物。元晦作为桂州行政首脑，最大的事迹是开发叠彩山。《桂林风土记》里记载了他费尽心力把叠彩山打造为其"公私宴聚"之所。元晦于会昌五年七月被任命为越州刺史、浙东观察使。八月，武宗下诏并省天下佛寺。诏令到达桂州的时候，元晦可能正准备出发。后任的桂管观察使为杨汉公——"牛党"的主力成员。杨汉公借"武宗灭佛"的时机，将李党成员元晦尽心在叠彩山打造的寺院及周围的造像予以完全毁坏，而放过了桂林其他地方的摩崖造像。所以叠彩山风洞的唐代造像没有保存下来，直到五代、北宋时期才对原来的唐龛进行改造，重新雕凿，形成了今天我们看到的样子。

桂林唐、五代时期粟特人与佛教

自德国学者李希霍芬于19世纪70年代提出"丝绸之路"概念以来，丝绸之路一直是各国汉学学者研究的热点。特别是1900年藏经洞敦煌文书的发现，极大地推动了丝路研究。近五十年来，随着在中国新疆、甘肃、陕西、山西等地与丝绸之路相关的考古新发现不断涌现，中国学者在此领域开始不断赶超，逐渐成为丝路研究的主力。

古代中亚地区在丝绸之路上进行贸易的主要是粟特人。其主要活动区域位于现中亚阿姆河与锡尔河之间的泽拉夫珊河流域。中国历史文献中将散布于这个区域以昭武为姓的国家称为昭武九姓。"凡西域人入中国，以石、曹、米、史、何、康、安、穆为氏者，俱为昭武九姓之苗裔也。"这些姓氏中部分也是汉人常见的姓氏，如何、曹等，判断其是否是粟特人时需要仔细甄别。而像安、康、米等姓氏，则极少见于汉姓，比较容易辨别出是以国为姓的粟特人。粟特民族"善商贾，争分铢之利。男子年二十即远之旁国，来适中夏。利之所在，无所不到"。他们在丝绸之路沿线的贸易往来中起到了关键作用，更为促进中古时期中西文化交流，包括宗教、艺术、语言以及新技术等方面作出了重要的贡献。

公元500年前后，粟特人与中国的联系渐多见于中国的史籍。沿着丝绸之路由西向东，粟特人在沿线的交通节点建立了不少聚居的社区。隋唐时期，强大而富庶的封建帝国开始以一往无前的开放心态，与世界其他的国家、民族往来、贸易及文化交流。在此情形下，更多的粟特人进入中国并长久居住在长安、洛阳、太原等北方发达繁荣的城市里。而长江流域的扬州、益州等富庶之地，也留下了粟特人经商的足迹。在偏远的岭南地区，自南朝开始，偶见由海路来此的粟特人，经此向北匆匆而去，难见其长期停留的印记。唐代以来，我们在石刻和墓葬中，逐渐看到有粟特人来到广西，生活于此，甚至死葬于此。

在桂林西山摩崖造像间，留下了近五十座佛教信徒去世以后，用于存放骨灰而在石头上开凿的瘗龛。这些瘗龛的长宽和进深大都在1米以内，穴内无雕刻装饰，外框浅浮雕或线刻塔、阁、尖拱、圆拱等图形，口沿处开凿边框，可以嵌入木板或石板将存放遗骨的洞穴封闭起来。这些瘗龛与周围的寺院、摩崖造像有着密切的关系。

在隐山对面的罗家山脚下有一座瘗龛，从人工开凿洞穴下方刻的一方题记，可知瘗龛的开凿者是一个叫安野郎的人。瘗龛外面浅浮雕尖拱形房屋状的外框。中间瘗穴呈长方形，顶壁为弧形。瘗穴内早已空空如也，但是下方的文字还是给我们留下了些许信息。题记高0.27米、宽0.15米，正书，其内容为："景龙。景

● 桂林市西山"安野郁石室"题名瘗龛

●"安野郁石室"题记

龙三年八月廿四日，迁客安野郁之石室。故记。"

安姓是较为典型的粟特姓氏，"安史之乱"的祸首安禄山、史思明均有粟特血统。景龙三年为公元709年，这是目前岭南西部发现的唐代较早的粟特人踪迹。文中安野郁自称是"迁客"，应该不是本地人，他的身份是官抑或是商，无从判断，但是，罗家山毗邻桂林唐代西庆林寺遗址，距西山观音峰、立鱼峰、千山等佛教摩崖造像也不远，附近像这样的瘗龛为数不少。安野郁死于桂林，火化后骨灰留在了这个石室里，说明他是个虔诚的佛教信徒。

早期入华的粟特人都信奉祆教。这是中古时期西亚地区最为流行的一种宗教，也称"琐罗亚斯德教"。祆教崇拜唯一的神——阿胡拉·马兹达，他是火和光明的象征。与其宗教相匹配的是他们的葬俗——纳骨葬。粟特人死后会将尸首曝露，等被狗、鹰等动物食尽血肉、内脏之后，再将遗骨收纳到特制的纳骨器中。入华数代之后，粟特人受到中华文化的熏陶，逐渐华化，与汉人无异。所以在唐代举国崇信佛教的氛围中，由信仰自己民族的祆教转而崇信佛教的粟特人不在少数。特别是在唐高宗、武则天二朝，佛教发展最快速，这时期既是粟特人迅速中国化的时期，也是佛教不断中国化的时期。以禅宗传至六祖慧能为标志，佛教基本上完成了中国化的改造。安野郁正是生活在这一段崇佛的时代，死后采用当时流行的佛教信徒的葬法，火化以后将骨灰安置在造像、寺院附近的瘗龛里。

除安野郁以外，在桂林南郊的国家森林公园内，有摩崖造像5龛，其中有2龛造像有题记，内容都包含粟特人的名字。

第5龛为"优填王"像，下层有一题记框，其上所刻题记漫漶不清。岩石的天然裂隙将题记分为左右两部分，左侧记施田年月及僧人姓名，右侧记俗众的官衔及姓名。

● 桂林市国家森林公园第5龛题记拓片

其中提到的信徒"□□府校尉米□",从其姓米来看应该就是粟特人。

另外,在第3龛倚坐的弥勒像外侧,也有一方石刻可见粟特人的身影。石刻为礼佛的内容:

弟子十将勾当龙□□,弟子中军十将□从众,二弟子讨十岭状和展,弟子防城都十将刘森,弟子康师进,女弟子王十四娘,同妻,女弟子孙氏二十立姞。

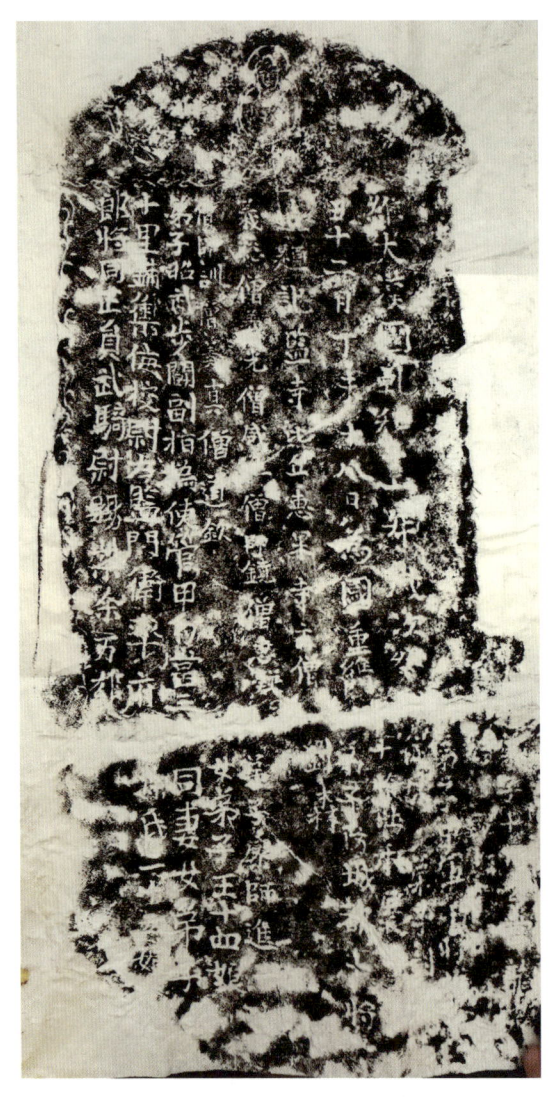

●桂林市国家森林公园第3龛题记拓片（苏勇供）

其下方还有造像记：

维大汉国乾和十一年岁次癸丑十二月丁未十八日，为国重镌造题记，兼寺比丘惠果、寺主僧义聪、僧义光、僧咸涵、僧师镜、师惠钦、僧师训、僧义真、僧道钦、弟子昭武步副指挥使管甲勾当，三十里铺御侮校尉左监门卫率府郎将同正员武骑尉赐紫涂万雄。

造像左近是唐代著名的龙泉寺遗址。康师进与一众南汉国武将前来礼佛，极可能也是军人，显然还是个佛教信徒。

从这三个例子来看，进入唐代之后，原本落后的岭南地区得到一定的开发，一些粟特人以商人、武将等身份进入岭南，或短暂停留，或长期居住（南汉国势力范围在两广地区，康师进当是长居岭南的），"迁客"安野郁更是长眠于此。成为虔诚的佛教信徒，是粟特人入华日久逐渐华化的结果，其善于经商、精于养马、信奉祆教的特征在唐末五代时期已基本消失，粟特人彻底融入到中华民族的大家庭里。

桂林摩崖与唐代"牛李党争"

唐代后期，朝廷上所谓的"牛党"与"李党"之间激烈的政治斗争，深刻地影响了李唐王朝最后几十年的走向。虽然处于边疆地区的广西与唐都长安远隔千里，但朝堂里残酷的倾轧却也投射到了这里，历千余年而下，我们依然可以从摩崖石刻与造像中，依稀想象当年庙堂里的刀光剑影。

以李德裕、李绅、元稹、崔慎由、郑亚、韦瓘等人为首的一党，史称"李党"；以李宗闵、李逢吉、李珏、牛僧孺、杨嗣复、杨虞卿、令狐绹、蒋係、杨汉公等人为首的另一党，史称"牛党"。唐宪宗元和三年（808）的科举考试，牛僧孺、李宗闵与李德裕之父李吉甫就科举考试是否存在徇私舞弊展开了相互弹劾的角逐，虽然此事以宰相李吉甫被贬谪而告一段落，但是，朝中大臣却分裂为两个对立的派别。两股政治势力为了一己之私，视朝政和民生如儿戏，缠斗不休，从元和年间持续到大中年间，长达四十余年，经历了宪宗、穆宗、敬宗、文宗、武宗、宣宗六朝，影响极其深远。

封建时代，政治斗争失败者的命运，相对于掉脑袋来说，贬谪还是不那么糟糕的结果。一方势力的得势，必然导致另一方势力被驱逐出权力中心。而皇帝也往往借助这样的党争，平衡各派间的势力，以实现巩固自身统治的目的，加上一些其他政治因素，原来被驱逐的一方也有重新崛起的机会，这样又使原来得势的一方反遭驱逐。在元和到大中的四十余年，地处南隅的广西，特别是桂林，成为大量被贬谪的党争失败者的主要接收地。

两党的部分主脑，都曾被贬到广西为官。如"牛党"的李珏、杨汉公，"李党"的郑亚、韦瓘等，都出任过桂州的最高行政长官。另外有些官员虽然不是党派主要头目，但却也与这些主要头目有着千丝万缕的联系。如元晦，会昌二年（842）末至会昌五年（845）七月任桂管观察使，他是唐代著名政治家、文学家元稹的从子，元稹属"李党"。大中三年（849）至大中六年（852）任桂州刺史、桂管防御观察等使的是令狐定，他是令狐楚的弟弟，牛党主力令狐绹的叔父，显然属"牛党"。这些官员被贬谪到桂林期间，政治失意之余，此地秀美的山水给予他们巨大的慰藉，他们在崖间山壁留下了许多的印记。

会昌二年元晦任桂管观察使。元晦帅桂最大的事迹是开发叠彩山。他在叠彩山留下了《叠彩山记》《四望山记》《干越山记》等石刻。前二者目前尚在，后者已无存。唐末成书的《桂林风土记》记载："会昌初，前使元常侍晦……性好岩沼，时恣盘游，建大八角亭、写真院、歌台、钓榭、石室莲池、流杯亭、花药院，特为绝景。于时潞寇初平，四郊无垒，公私宴聚，较胜争先。"此处原还有圣寿寺。叠彩山风洞的造像当是在他开发叠彩山之前

● 唐代元晦撰《叠彩山记》

已有开凿，但是写真院、石室莲池也与造像密切相关，因此这时应该也有新造之像。元晦于会昌五年七月被任命为越州刺史、浙东观察使。在桂林兴安县西南有个名为"乳洞"的岩洞，内有元晦于会昌五年八月二十日的题铭，"检校左散骑常侍越州刺史元晦，会昌五年八月廿日，自此州移镇会稽，辄辍暮程，遂权探赏"。

接替元晦任桂管观察使的是杨汉公——"牛党"的主力成员。杨汉公与其兄杨虞卿、杨汝士号称"三杨"，曾势力熏天。武宗时期，大多数时间以李德裕为相，故杨虞卿被贬虔州司户参军，死于任上。杨汉公则"下除舒州刺史，徙湖、亳、苏三州"。武宗末期，朝中已是牛党的白敏中为相，杨汉公马上被"擢桂管观察使"，一年多后，宣宗即位，李党被打击，牛党进一步得势，杨汉公"擢浙东观察使"。

大中元年（847）二月，李德裕被贬，"李党"被清算，主力郑亚受到牵连，由给事中贬为桂州刺史、御史中丞、桂管防御观察等使。整一年后，再贬"循州刺史"。中晚唐文学家李商隐饱受党争之苦，只能给郑亚做幕僚，为其草拟文书以糊口。郑亚在广西期间，李商隐也一路随行，留下了大量与广西相关的文字。

接替郑亚桂管观察使之职的仍然是李党成员韦瓘。韦瓘，与李德裕交好，所以被"牛党"党魁李宗闵视为"眼中钉"。李德裕被罢宰相之职后，韦瓘也被贬为明州长史。会昌末，累迁楚州刺史，后转任桂管观察使。韦瓘在桂州子城东北隅近逍遥楼之处建碧浔亭、青桂馆，"馆宇宏丽，制作精致，高下敞豁，冠诸亭院"。

韦瓘死于任上后，接任的桂管观察使张鹭马上"易弦更张"：重新装饰，将碧浔亭改名为去思馆。另外废毁了附近独秀峰下刘宋时期颜延之读书亭。张鹭很有可能是牛党之人。

大中三年（849）至大中六年（852）任桂州刺史、桂管防御观察等使的是令狐定，他是牛党主力令狐绹的叔父。令狐定也死于任上。接任的张文规受裴度青睐，而被韦温弹劾，自然是李党之人。他于大中六年至八年（852—854）在任桂管观察使。

从上面会昌至大中年间桂林历任行政长官的所属党派的分析，我们不难看出，长安政局的波动与倾轧时时刻刻投射在桂州的大地上。朝廷两党间的失势与得势，直接决定着桂管观察使的人选。从他们在桂林留下的些许印记中，我们仿佛看到了长安政坛里弥漫的硝烟，四处飘逸，其中相当部分在某一时段凝固在桂林。在这些印记里，他们的政治倾向若隐若现，似无还有，或许，两党成员唯一能达成共识的议题，就是对桂林秀甲天下山水的推许吧！

摩崖造像上的石刻

桂林的地貌，宋代刘克庄的一首《簪带亭》足以概括："上到青林杪，凭栏尽桂州。千峰环野立，一水抱城流。沙际分鱼艇，烟中见寺楼。不知垂去客，更得几回游。"冠绝天下的美景容易激发出创作灵感，欲使自己姓名与文字历千载而不朽，无处不在的石山成为文人墨客吟咏喟叹的绝好载体。于是，桂林市区内"诸山无一处无摩崖"，清代著名金石学家叶昌炽在《语石》中还说："唐宋题名之渊薮，以桂林为甲。"在所有的摩崖石刻中，唐及前代的仅40余方，宋代的石刻数量超过500方，在国内首屈一指。

唐至宋也是桂林造像最盛的时期。与摩崖石刻情况刚好相反，造像的数量则以唐代为最，占总数的八成以上。唐代造像之时，尽可选择地段好、位置佳、无裂隙的崖壁进行开凿。时间愈晚，可以选择的"好"地方愈少。于是，宋代开始，一些"无良"官员、文人开始在前人的造像上刊刻自己的文字，明清时期更是"上行下效"，这种现象变得更为普遍。后凿的石刻会破坏先凿的石刻，这在考古学上称为"打破关系"，用以判断两个遗迹现象间的孰早孰晚。

　　西山公园内的诸峰是桂林最早开凿摩崖造像的地方。千山在西山公园西南，造像颇多，但破坏严重。编号为西山第4龛的是一座大型龛，高1.8米、宽1.92米、进深0.37米。龛形因岩壁崩裂，左右不太对称。龛内残存三尊造像。题材似为一佛二菩萨二力士组合。龛外下方有三尊供养人像。龛正中被凿成一圆拱形题记框，框高1.24米、宽1.07米、深0.2米。题记框内文字为打破造像后所刻。字共五列，楷书。内容为：

　　假守张庄祷雨兹山，日有感应，醑酒于此。□□□□□□□□□□祠□□兴焉。大观己丑六月十一日题。

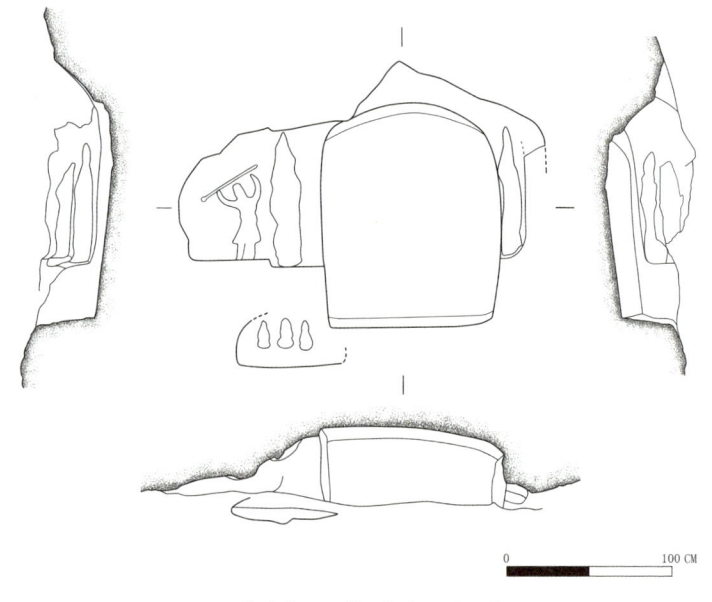

● 桂林市西山第4龛平、剖面图

大观为北宋徽宗年号,这铺唐代造像在己丑年(1109)之前的保存情况我们不得而知,但是己丑年被张庄严重破坏至主尊荡然无存却是无疑的。

千山还有另一铺造像编号西山第12龛,雕凿于一块巨大的生根石下端。由于岩壁崩塌,该石上的其他造像已不复原样。年久日深,西山第12龛一半被埋于地下。残高1.1米、残宽0.78米、进深0.12米。壁面较平整。左侧有雕凿胁侍的痕迹,当为一佛二胁侍三尊像。龛正壁有题记一方,自左向右共四列,真书。内容为:

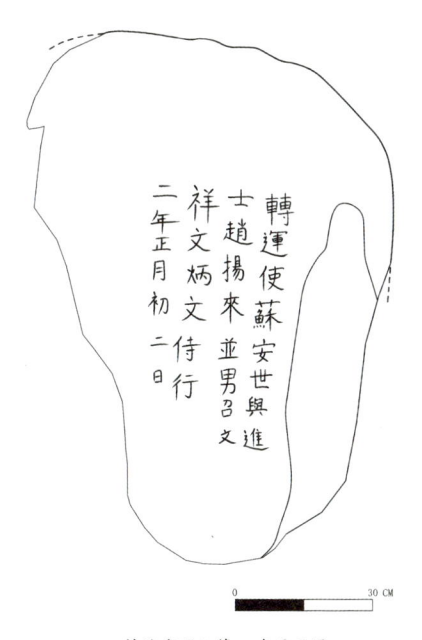

轉運使蘇安世與進
士趙揚來並男弓文
祥文炳文侍行
二年正月初二日

● 桂林市西山第12龛平面图

转运使苏安世与进士赵扬来，并男召文、祥文、炳文侍行。至和二年正月初二日。

《桂林石刻碑文集》中这方石刻是据《（嘉靖）广西通志》摘录的，因为没找到这方石刻，所以在书里做了说明："此摩崖一稿两刻，分别刻于隐山和西山。今两地均未见此作品。"谁曾想，这方难寻的石刻不仅是半截入土，还是在前代的造像龛内凿刻的。

伏波山东临漓江，自古以来是胜游之所。下层还珠洞，雕凿13铺造像，选址均在洞中最好的位置。上层更是因为崖壁造像密密麻麻而称"千佛洞"。千佛洞因位置较高，古时并无楼梯可以登临，造像没有被题刻破坏。还珠洞内的造像则不然，大部分都被宋代以来的石刻所破坏。

伏波山第1龛也是大型龛，龛高1.68米、宽2.05米、进深0.4米。龛形规整，各壁光滑，龛底平。近圆雕一佛二菩萨二力士五尊像，除右侧力士像崩损严重外，其余保存尚好。

主尊左侧的正壁上，有一方题记，为刻边框。高0.3米、宽0.18米。真书。内容为：

聊城宗国器、大梁郭子舟、河间何浚之侍亲避地南来，八桂张真宜同游伏波岩。时绍兴癸丑清明日。

● 桂林市伏波山第1龛造像

左壁外有宋代石刻略微打破左壁。高1米、宽0.85米。行书。内容为：

黄冈徐敏子衔命措度南州馆觳岩侧。客四明戴炎、长沙韩梦发、宝婺周蒻、新渚冯弼、外孙上饶尤日新侍行。淳祐丙午年中春下□。

以上数例，从北宋大观己丑年（1109）到南宋淳祐丙午年（1246），既有来此任职的官员，也有辟地来此的游客，面对桂州

● 桂林市伏波山宋代宗国器等人题名拓片

名山"摩崖殆遍,壁无完石"的状况,他们选择在前人的造像上留名。从造像龛所内留石刻书法、行文的角度看,他们显然都是受过良好教育的文人。这些石刻的作者破坏前代造像的行为不能简单地以"道德水准"等来进行评判,这种现象可能更多地反映出宋代以来人们对于佛教认知的世俗化进程。

五代、宋以来,儒、释、道三家在思想上互相借鉴,实现了相互间的融合,不再像唐代一样斗争激烈。受过教育的宋人往往秉持"以佛治心、以道治身、以儒治世"的理念。一方面,宋代儒家"程朱理学"思想的普及，在理论、逻辑、理性等方面有深入的思考，对于佛教的看法也注入了理性的成分。另一方面，此时禅宗已经成为佛教最大的宗派，禅宗主张"不立文字，教外别传，直指人心，见性成佛"的宗旨与文人士大夫注重内心世界的宁静平和非常契合。禅宗认为众生的本性、自心就是佛，本性、自心是空寂清净的，执着于佛是不对的。因此，寺院之外，禅宗并不主张造像。

这种社会精神、哲学范畴的巨大变化，直接影响到宋代的摩崖造像的开凿。社会上层的贵族、官员、文人对于造像以积累功德的观念已经非常理性，不再是造像活动的主要人群。而平民、商人阶层的佛教信仰与其他民间信仰结合起来，他们富有功利性的造像目的有了更多的选择，丰富多彩的造像题材与唐代相比更具世俗趣味。

因此，对更加注重内心感受的宋代官员、文人而言，在唐代造像上留下自己印记的行为，或许并不是"唐突"佛像的"破坏"行为，"心中有佛"比各种外在的礼佛形式更为重要。

博白宴石山造像的年代

　　位于广西玉林市博白县顿谷镇的宴石山是一处风景清幽的游览之所。该地区为丹霞地貌，宴石山山体呈红色，南流江自山侧缓缓流过。山上建有寺院。在宴石山西南麓岩壁上，面朝南流

● 博白县宴石山造像

江，距现地面约4米的崖壁上，开凿有3龛7尊造像。因该山石质为红色砂岩，质地较为疏松，风化较甚，有的造像表面已起壳脱落。尽管如此，我们依然能够看到佛像薄衣贴体的风格，与印度笈多时期的造像有一定的相似之处。

造像周围并无题记，对于宴石山造像的雕凿时代，很多学者有过推测，多认为此处靠近合浦码头，与自汉代以来的海上丝绸之路有密切关系，这些造像可能是经海路从印度传到中国。甚至有地方学者认定这是广西最早的造像，时代在隋唐时期。

半山的宴石山寺院里曾建有一方碑刻，名为《新开宴石山记》，碑现已无存，但流传下来有这块碑刻的拓片，另外文献中也曾抄录了碑文的内容。

显然石刻前半部分说的是一尊高约五尺的大像，并非这3铺造像。后半部分则提到"高相"，即高骈于咸通年间曾经造像。而到了五代时期的南汉，刘崇远在宴石寺里又铸造或塑造了许多佛教、道教题材的像。与造像数量最多的桂林地区进行比较之后，宴石山造像更有可能与唐代末期的高骈有关。高骈的事迹两《唐书》中均有记。高骈，幽州人。咸通初年，南诏与土蛮入侵岭南，咸通五年（864）高骈任安南都护，集合岭南五管之兵，收复了交州郡邑。将广州至交州的沿海水路中的礁石夷平，开凿天威遥，使海运军资变得便利。时间、地点、人物均与南汉《新开宴石山记》吻合，应该可以确定这是唐末高骈或其下属开凿的。

高骈及其军队来自于内陆地区，其所凿佛像自然模仿内地流行样式的可能性更大，而不太可能模仿来自海路的印度佛像。宴石山造像非来自海路的另外一个重要证据是3龛造像中居左的一龛内雕凿了六连弧纹。这种纹饰不见于印度造像，非印度"原创"，而是南北朝时期我国工匠在造像龛内以宫廷常用的帐幔作为装饰，逐渐简化演变而来。六连弧纹最早出现于隋代敦煌莫高窟，初唐时期在龙门石窟大量使用，并影响到桂林造像，在西山、伏波山造像中有较多发现。

因此我们可以确定宴石山摩崖造像不是来自于海路，其来源只能受到国内的影响。唐末南诏、西原蛮入侵岭南时，高骈作为安南节度，在岭南戎马数年，与桂州来往的机会当是不少，摹写桂州造像粉本甚至调桂州的工匠赴宴石山造像均非难事。另外一起与高骈并肩战斗的桂州人士也颇有其人，例如家住临桂的于向，曾带领义兵三千余人助高骈击破南诏，被授予州团练使一职，后在与黄巢叛军的战斗中阵亡，至今在临桂仍留存有他的墓碑。从造像的风格以及当时高骈所处的环境，宴石山造像的极有可能是模仿桂林西山初唐时期的造像。

大新县摩崖造像与土司文化

广西崇左市大新县有两处摩崖造像，一处在全茗镇灵敖村朋大屯穷斗山，另一处在雷平镇安平村会仙岩。均是在天然岩洞里进行雕凿。造像主都是明代管理该地的土司，属地方少数民族豪族，故而造像与汉族地区的佛道题材不同，反映出土司文化的信仰特点。

穷斗山岩洞不大，长宽各20余米，内有一水潭延伸至洞外。造像数目多达30余尊，既有佛教的观音、当地信仰的仙人，也有土官自己的造像，并有青龙、白虎、朱雀、祥云等图像。以浅浮雕为主，部分造像刻龛形边框，部分直接减地雕凿。

洞内原有一通石碑，讲述造像缘由及题材。现已裂为数块，沉于潭中。幸有拓片存于大新县博物馆内。其内容为：

予郡古辖地名穷斗山下，奇出此岩，岩石参差突兀，水由内泻澄清。虽旱不涸，冬暖夏凉，鸟蹄留迹，堪为隐逸玩游之所。予恒到此，四顾徘徊，意欲粉饰仙侣。因宜羁务冗未遑，迄获致。遂邀业师壶城梅园方公暨诸贤宾底，是诗书兴乐，皆异奇之。始命工匠镌石，上绘观音，中则仙侣，下则醉仙，并与方公与予之像以豁然游，自工就文，以为远之识云。嘉靖二十六年岁次丁未夷则月谷旦，瑞峰主人立。石匠莫二、莫三。督工赵陈。

洞口正对面上方第1龛造像为"方公"和"土官"造像。整龛呈轿子形，顶部华盖状，表面阳刻卷云装饰。轿体方框内浅浮雕土官与方公并排而坐于方形案前，面朝洞外。二人头戴乌纱帽，穿圆领长袍，胸前有方形补子。双手合拢于袖中，置于腹前。方框外左右各浅浮雕一侍从像。左侧侍从侧身站立，头顶束髻，手持长柄扇。右侧侍从头戴圆帽。右手腋下夹一方形物。造像下方装饰牡丹花叶。左侧一组4尊站立人像，均束发于头顶带头饰，赤裸上身，下穿短裙，中间两尊手中各持乐器一件，左右两尊做舞蹈状，手捧贡品。

第2龛："仙侣"造像，共5尊，浅浮雕，像高0.4至0.5米、宽0.25至0.35米。右1头上束发包巾，身穿袄裙，上着琵琶袖短衫，下着百褶裙，手捧树形物。右2上着开对襟开衫，下着裙。头顶一盘，盘内装贡物，双手托着盘两边。一脚抬起。右3头戴圆帽，上着交领窄袖袍服，下着裙，右手屈肘举贡物，左手屈于胸前。右4似头巾盘头，上着圆领窄袖袍服，下着裙，右手屈肘举贡物，左手屈于胸前。右5服饰与右4基本相同，右手托花状贡物。

会仙岩洞内空间较大，宽25米、深50米、高20余米，面积逾400平方米。内有造像，今人给取了几个名字，分别为"新官

● 大新县穷斗山第1龛造像

● 大新县穷斗山第2龛造像

上任""仙女抚琴""醉仙对弈""洞房修心""仙宫夜乐",可能与雕凿者的意图并不契合。崇祯十年(1637)旅行家徐霞客曾来此游览考察。

会仙岩摩崖造像始刻于何时,没有明确的记录。洞内有一方石刻《沙纶游会仙岩记》,宽1.1米、高0.42米。其中有一段文字与造像相关:"正德辛巳秋,予以公事适安阳郡,郡伯李君雪之嗜山水……有醉仙像七:或曲肱而卧者,跏趺而坐者,相倚而仆者,

● 大新县会仙岩第1龛造像

壮貌了了，出自天然。再登而上，刻石貌，绘阳与雪之对弈。其右侧貌似仙姑。"

"新官上任"造像中，中间浮雕的"土官"，坐于案前，头戴乌纱帽，长髯垂至胸前。身穿圆领长袍，胸前有方形补子。左侧一书童站立，侧向官员。束髻于顶。双手捧长琴，身着交领右衽宽袖长服。造像右侧侍女侧向官员，披发，着交领大衣。双手屈于腹前捧一贡物。

另一龛较有特点的是所谓"洞房修心"。男女前后坐。女子头梳花髻。面部圆润。身着交领阔袖长袍。紧靠男子侧背后。男子头戴帽，脸长圆。腹部鼓凸。身着交领大袖长袍，胸腹横一道新郎官绶带。右手握住女子之右手，左手向外指。似在描绘婚后美好生活。右腿屈于榻上，左腿垂下。

两处岩洞内石刻的内容透露出造像的时间。穷斗山造像刻于嘉靖二十六年（1547），会仙岩造像则在沙纶与李雪之于正德辛巳（1521）游会仙岩之前业已开凿，从风格上可以基本确定也是明代的造像。这些题材及造型不见于国内其他地区，在广西区内也非常罕见，反映出浓厚的地方特色。唐宋以降，中央政权对于边疆少数民族聚居的地方，由于难以按汉文化地区的方式进行有效管理，因此往往采用羁縻的政策，即"以其故俗治"，任命当地的首领管理该辖地，首领的地位可以世袭。元明清时期，汉文化的范围进一步在边疆扩大，羁縻的区域有所减少。此时将少数民族首领称为土司。土司制是为了稳定地方、维护一统局面的间接统

● 大新县会仙岩第 2 龛造像

治形式。崇左地区地处山区，人口以壮族为主，所以一直是土司的建制。

　　壮族土司辖地是我国元明清王朝统一版图中密不可分的一部分。土司作为地方的管理者，拥有相当的自主权限，代表中央政权收税、缴粮、收纳土特产等。如此自主的权力也就拥有了足够的财力。壮族及其他世居民众自古以来延续着自己的民族习惯和民族信仰，虽然在崖壁上雕凿造像的做法来自于汉文化风行的地区，但是土司辖地在模仿学习过程中，选择符合本民族自身思想的造像题材也是土司制度下自主权的反映。因此，我们看到石刻中有关于"观音"造像的描述，却在崖壁上遍寻不着汉地观音造像的形象。或许，福佑土司地区的观音菩萨，也应该是穿着当地服装、佩戴民族特色饰品的本地人样子的吧！

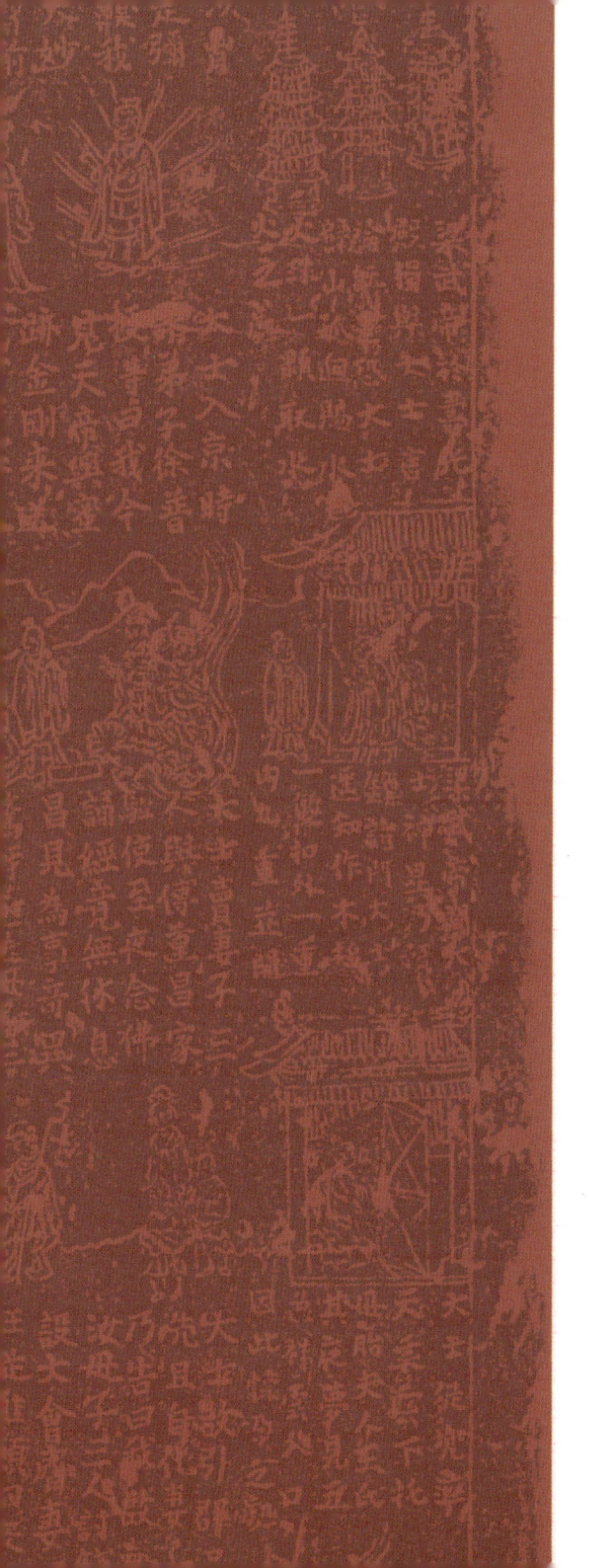

摩崖造像与民众信仰

石刻造像所见广西唐代崇信的佛教思想

唐代是我国佛教发展的一个高潮时期，信徒们流行通过造作佛像来积攒福报，期冀自己的种种愿望和祈求能被自己造作的神祇知晓并得以实现。大乘佛教传入我国以后很快在教义上占据了绝对的地位，唐代又逐渐发展成许多的宗派。各大宗派信仰的主神并不完全相同，修行的方式也有差异。这就导致信徒在选择雕凿造像的类型时，既受到社会流行宗派的影响，又要满足自身精神愿念的追求，这也给今天通过功德主选择的佛教造像样式来推测他们的具体信仰留下了线索。某些造像具有鲜明的辨识度，如观音头顶的宝冠正中有阿弥陀佛的形象，弥勒佛通常采用倚坐的姿态等等，比较容易判别。而另外一些则难以遽断，于是只能依靠造像时功德主留下的题记来研究。广西摩崖造像有限的题记和相关文献、石刻，为我们了解部分造像主所信奉的宗教思想提供了一定的材料。这些思想反映出当时社会所崇信、流行的佛教思想流派。在梳理这些材料之后，我们大略可知唐代流行于广西地区的佛教信仰主要有弥勒净土、西方净土和禅宗三种。

一、弥勒净土信仰

弥勒是未来佛，住兜率天，佛曾为其受记：五十六亿七千六百万年后下生阎浮提成佛。弥勒净土是一个理想的天堂乐园，在此修行不仅可以尽情享受诸般乐趣，且能不"退转"，将来弥勒下生，还可以在诸佛前受菩提记。弥勒净土的各种美好对于凡俗百姓很有吸引力，南北朝以来就开始吸引广泛的信众。众所周知，武则天以"弥勒下生，当为阎浮提主"作为以周代唐的舆论工具，使得初唐时期崇信弥勒净土思想以及造作弥勒佛倚坐像较为流行。可能受此影响，广西开凿于初唐时期的弥勒像有近十尊，且体量较大。

在广西富川县，有一方奉敕撰《隋朝富川列女蒋氏冢西观寺碑》，记载蒋氏大业三年（607）卒于临庆郡，后迁富川（属桂州之贺州），祔葬于其夫之侧。其夫贺城太守钟骞为颍川人。因唐玄宗赏识其教子有方，命工部侍郎许国公考察其事迹，勒石为铭。"武德四年，李卫公巡抚岭徼，钟士略（蒋氏第二子）受贺州刺史。每临母之私忌，则命浮屠辈于家庙宿斋，讲上生经百法论。"上生经属弥勒净土内容，因此该家族信奉的是弥勒净土。

桂林摩崖造像中有唐代弥勒造像7铺，仅有1铺有题记，原刻于象鼻山，现已无存。内容为垂拱三年（687）僧人智深为合浦县令吕兴造像。合浦县令吕兴信奉的也是弥勒净土。

鉴真和尚第五次东渡失败，于748年冬来到始安郡，桂州都督冯古璞等"步出城外，五体投地，接足而礼，引入开元寺"，一年以后，鉴真离桂时，冯都督与鉴真相约："古璞与和上（尚），

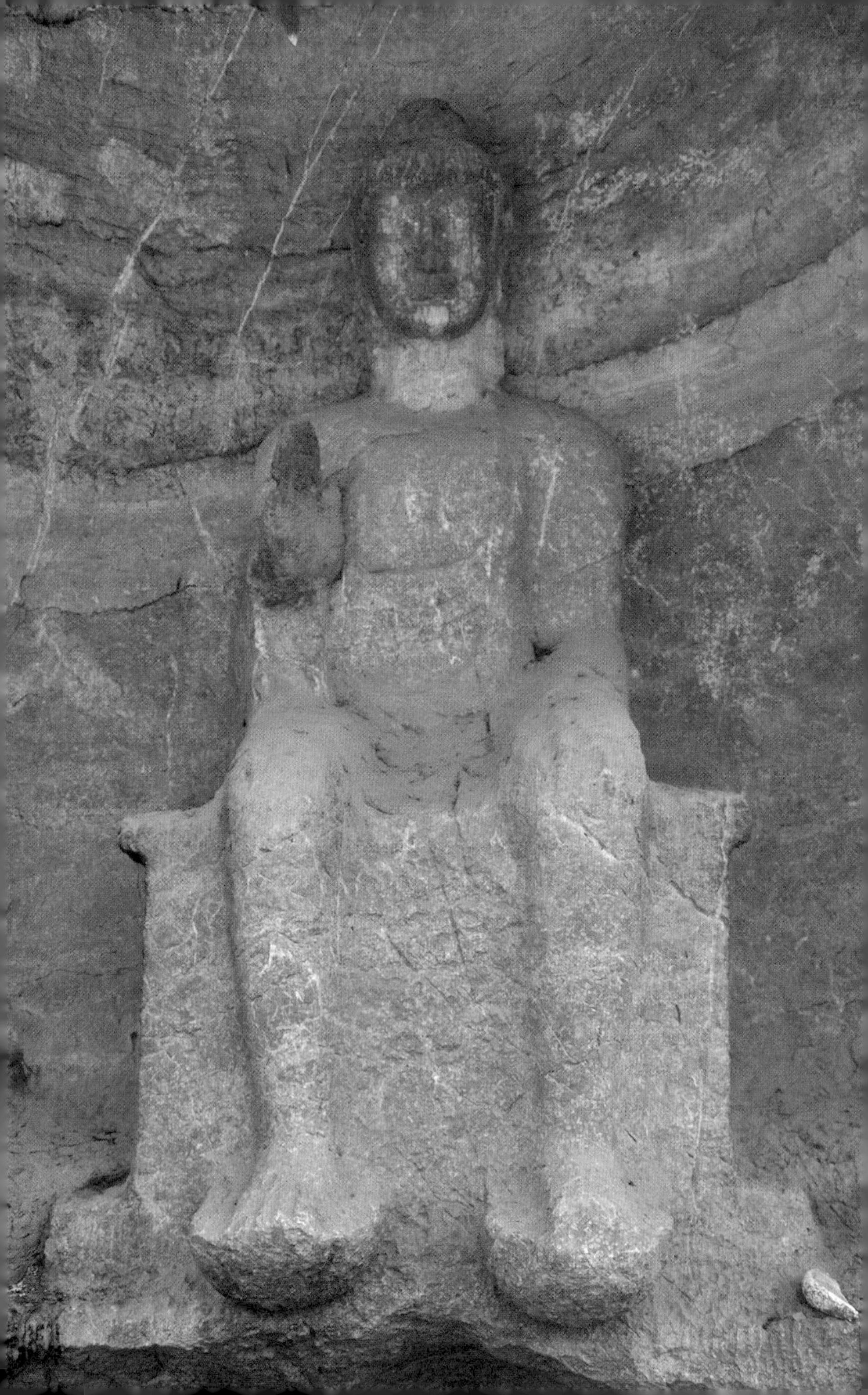

终至弥勒天宫相见。"说明冯古璞与鉴真都是弥勒净土的忠实信徒。

以上三例广西弥勒净土信徒，他们或为一县之长，或为一州之长，地位较高。而从桂林弥勒造像的体量来看，龛都是边长1米以上的中、大型龛，甚至有龛长超过3米的超大龛。参见桂林市骝马山弥勒像可知造像主的经济实力应较为雄厚，初唐、盛唐时期，在广西信仰弥勒净土的人士应以社会地位较高的官员或富商为主。

开元三年（715），玄宗对利用弥勒信仰危害国家政权的行为进行了限制，唐代后期弥勒净土信仰也趋于式微。至五代十国时期，长时间混战使"末法""末世"思想流行，弥勒作为未来佛救世的信仰才重新抬头。

二、西方净土

阿弥陀净土的修行办法非常简单，观像、坐禅、称名念佛即可，因此不仅受到官员、受教育程度较高的士人阶层的青睐，在广大底层民众中也有深厚的基础。唐初各地西方三圣造像的大量出现与道绰、善导等净土大师受到高宗、武则天推崇有关。龙门石窟奉先寺卢舍那像即是在善导的主持下开凿的。洛阳龙门石窟及其附近的巩县石窟大量雕凿阿弥陀及观音、大势至三尊像。两京地区流行的西方净土思想及造像样式也被迁转、贬谪、流放的

● 桂林市骝马山第3龛弥勒像

官员传播到了广西。

在桂林西山、伏波山等地的一些造像中，胁侍菩萨头上有化佛和宝瓶，可以确定是西方三圣的题材。更多造像由于菩萨头部损毁，没有辨识物难以判断尊格，仅能依据题记进行判断。唐代造像题记共10方，造像尊格属阿弥陀佛的有3方，属阿弥陀佛胁侍菩萨之一——观音像的有2方，题记中属于信奉阿弥陀净土的

● 桂林市西山第81龛同茎莲座

比例已占半数。

桂林造像中有较多的一铺三尊像采用同茎莲枝的座台，即胁侍菩萨的仰莲式座台通过莲茎与主尊的座台相连接。在长安地区，有相当数量的造像的座台也是这种同茎莲枝，通常表现的是西方三圣，反映了7世纪后半期偏晚阶段至8世纪前半叶净土宗在长安地区的流行情况。桂林唐代造像中这样的三尊像数量最多，表明广西佛教信徒中信仰西方净土思想可能最为普遍。博白宴石山的一佛二菩萨造像应该也是西方三圣。

广西在唐末也出现了较有影响力的净土宗僧人。寂照大师，俗姓周，名全真，郴州人。云游到今桂林全州县，创建净土院。他流传有较多的神异事迹，圆寂之后真身不坏。五代马楚政权将净土院所在的湘源县升格为州，以其名讳称为"全州"，沿用至今。北宋时"诏赐寂照大师"，其后更是被尊称为"加慈佑寂照妙应普惠大师"。全州湘山寺香火袅袅，妙明塔钟声悠悠，千年来认为寂照大师就是无量寿佛的崇信传统使得这里依然是湘南重要的佛门圣地。

三、禅宗思想

禅宗发展至南宗慧能，据慧能言行写成一部《六祖坛经》，这标志着中国佛学的再创造和佛教中国化改造的完成。其学说重点于在顿悟见性，一念悟时，众生是佛，从自心中顿见真如本性。慧能在岭南传教多年，教风所披，桂州自然大受熏染，特别是在中晚唐时期。

桂林优美的山水风光和浓厚的佛教氛围吸引了较多的僧人游锡于此。早期以出海赴印度取经求法僧人为主，其中，智弘、道宏等就是禅宗僧人。盛唐以后，赴印之风渐息，来到桂林的各色僧人多以交游为目的。他们在山水间留下了许多石刻题记、墨书。其中有相当部分是禅僧，上文中为合浦县令造像的智深便是一例。

桂林七星岩洞口曾有一方题记（现已无存），金石文献上多有记载，刻文内容为："几道、直之、明觉、道行、普愿，元和元年三月初四日晨曦偕游桂州北郊幽岩奇洞。午饭栖霞，盘桓终日。"据日本学者户崎哲彦考证，明觉、道行、普愿三位僧人为马祖道一的门下。马祖道一为洪州宗的祖师，门人极盛。其门人在桂州与官员交游，因此桂州可能存在马祖门下僧人住持的禅宗寺院。

桂林伏波山有1铺观音造像，刻有鸠摩罗什所译《金刚经》的内容。禅宗四祖道信之后，《金刚经》逐渐取代《楞伽经》，成为主张顿悟的南宗禅的经典依据。势力大盛的禅宗对于净土宗礼忏写经、祈生净土的做法是反对的。净土大师法照将净土与禅宗对立的相与无相、念与无念、往生与无往生等观念辩证地统摄到了一起，这在一定程度上调和了南宗禅与弥陀净土教之间教义上的矛盾，为以后的南宗禅僧人兼修净土铺平了道路。桂林伏波山、虞山的观音像正是在这种背景下出现的，体现了二宗一定程度上的融合。

除了上述几种题材的造像外，桂林在高宗、武则天时期还有数龛二佛并坐的题材。这个题材来自于佛教经典《法华经·见宝塔品》，所表现的场景是：释迦在说《法华经》时，地上涌现出七宝塔，塔中端坐于狮子座上的多宝如来为听《法华经》而来，其后多宝"分半座与释迦牟尼佛"，"释迦牟尼佛入其塔中，坐其半座，结跏趺坐"。这个题材的造像中，除了个别龛像"张冠李戴"地榜题为"阿弥陀"以外，其余的则反映出此时可能还短暂流行过法华思想。

石刻造像所见广西宋代崇信的佛教思想

　　五代十国时期是我国历史上又一个分裂阶段，经历了数十年战乱和政权割据导致的社会动荡，这种状况往往对人们原有的信仰造成冲击。宋代建立之后，政治、经济、文化等方面与唐代社会相比呈现出天翻地覆的变化。大唐帝国那种雄健、开放、包容的气质，转向了婉约、内敛、市井气与文人气并重的社会氛围。儒、释、道三家由激烈对抗的竞争关系转变到宋代相互融合、互为补充的共处共融关系。佛教则彻底完成了中国化的改造，在精神上融入中国文化内核，成为中国文化的重要组成部分。"唐宋变革"成为一个非常明显的历史现象，引发学者们从各个角度加以讨论。民众佛教信仰的内容在这样的社会文化变革中也展现出新的变化。

　　广西宋代造像的数目仅次于唐代，但分布的地域迅速扩大。佛教造像除桂林外，可见于钟山、金城江、宜州、贵港等地。从中我们既能看到西方阿弥陀净土与禅宗继续流行，也能看到一些新的信仰加入到人们的日常礼敬中。

一、弥勒净土

弥勒净土的信仰在宋代已不及唐、五代时期普遍。倚坐的弥勒依然有少量开凿，更多的弥勒形象基本转变为眉开眼笑、大腹便便的布袋和尚形象。在贵港南山寺中就有这样一尊弥勒佛像。这种造像题材世俗化的变化也反映在其他造像类型中。

二、西方净土

唐代中期以前，观音菩萨总是与大势至菩萨一起，站在西方净土世界教主阿弥陀佛的两侧，信徒们主要向阿弥陀佛许愿、祈祷。从唐代后期开始，观音渐渐从这种三尊像的组合中脱离出来，民众更多地单独供奉这尊既有着慈悲心肠，又有无穷法力的菩萨像。向她祈求早生贵子、身体健康、出入平安等现实愿望。一旦愿望成真，就会到观音菩萨像前还愿，以示感谢。久而久之，影响并吸引了越来越多的信众。

在宜州会仙山白龙洞外绍圣五年（1098）开凿有单尊观音像，已残损。像之上有一方题记，讲述了开凿时所发愿望，这便是观音脱离西方净土，成为独立菩萨的一例证据。石刻内容为：

大宋绍圣五年，岁次戊寅五月二十一日，使院守关节级潘助，伏睹江北保民寺会仙山第三岩石乳生出行道观音形象。今命匠刻菩萨真像，庄严圆备，奉为荐资先祖父母早超生界。次乞自身事官清吉，眷室尹氏十一娘、男潘用之各保平安。谨记。

三、菩萨信仰

菩萨作为佛的胁侍，协助佛救助众生，如释迦牟尼的胁侍菩萨是文殊与普贤，西方阿弥陀佛的胁侍是观音与大势至，东方药师佛的胁侍菩萨是日光、月光菩萨等。他们是低佛一级的存在。部分菩萨已具备成佛的条件，但是由于他们有更为悲天悯人的宏愿而自愿停留在菩萨的阶段，如地藏菩萨，他发愿"地狱不空，我不成佛"，为救助无限堕入地狱的众生而放弃成佛。大乘佛教中，菩萨可以通过不断行善修行达到佛的境界。宋代以前，除观音、弥勒菩萨（未成佛之前）外，其他菩萨极少被作为造像主体来进行塑造。在广西，从造像、石刻中可以明显地看出，对菩萨的信仰是重要而多元的。

1. 普贤菩萨

普贤菩萨是释迦牟尼的胁侍，《大日经疏》云："普贤菩萨者，普是遍一切处，贤是最妙善义，谓菩提心所起愿行，遍一切处，纯一妙善，备具众德，故以为名。"坐骑是一头六牙白象，道场在四川峨眉山。宜州白龙洞内有一铺普贤造像。保存完好。普贤像上方刻有《龙管捐造普贤菩萨造像记》。

2. 日、月菩萨

日、月菩萨是东方净琉璃世界教主药师佛的两大辅佐，他们与药师佛一道发菩提心，誓愿拯救病苦众生。国内单独塑造日、月菩萨而无药师佛的造像极少。桂林七星公园龙隐岩洞顶有一铺日、月菩萨的浅浮雕，雕凿于至和元年（1054）。两个圆形的菩萨龛中部有一题记框，内容为：

● 河池市宜州区白龙洞《潘助造像记》

● 河池市宜州区白龙洞普贤像

● 桂林市龙隐岩日、月菩萨像拓片（桂海碑林博物馆供）

本州坊南厢左界通波坊女弟子区氏八娘，舍钱隽造日月光菩萨二躯，永充供养。时至和元年五月二十一日记。

虽然文中没有起愿的内容，但是日、月菩萨的造作多与祈祷祛病、健康相关。

3. 泗州大圣

泗州大圣是观音菩萨的化生，也称僧伽。五代、宋以来因灵迹频现，受到最高统治者敕封而广受推崇。在桂林叠彩山风洞有僧伽单尊坐禅像，在灵川县大圩有两铺僧伽带木叉、慧俨等弟子的造像，也可视为菩萨信仰的一种。

四、罗汉信仰

广西宋代罗汉信仰的流行是菩萨信仰外的第二个新的佛教信仰特征。作为佛的弟子或护法，他们常驻世间，不入涅槃。住世罗汉的主要职能就是护持正法、利益众生。桂林叠彩山风洞内部分身着僧衣的比丘像应该就是罗汉像。金城江罗汉岩内有一佛二弟子与十六罗汉的造像，风格与叠彩山造像相近。宜州白龙洞内有一方《供养释迦如来住世十八尊者五百大阿罗汉圣号》碑，是目前国内现存关于五百罗汉名号时间最早的石刻，弥足珍贵。这几例罗汉信仰的例子与当时全国的佛教信仰流行趋势密切相关。

五、禅宗

宋代也是禅宗高速发展的一个阶段，唐末五代以来"一花开五叶"，六祖慧能之后禅宗分为临济、云门、曹洞、沩仰、法眼等五宗。宋代临济宗成为主流，禅宗主张"不立文字，顿悟成佛"，极少造作摩崖造像。但是，宋代梧州地区出现了契嵩这样的禅宗大师，显然禅宗在此应有着广泛的信众基础，禅宗修行方式简易，因此广西宋代最为广泛的佛教信仰应该是禅宗。